Horst Volz

Das, was du denkst, das bist du auch!

Horst Volz

Das, was du denkst, das bist du auch!

Re Di Roma-Verlag

Bibliografische Information der Deutschen Nationalbibliothek:
Die Deutsche Nationalbibliothek verzeichnet diese Publikation in der Deutschen Nationalbibliografie; detaillierte bibliografische Daten sind im Internet über http://dnb.ddb.de abrufbar.

ISBN 978-3-940450-90-6

7. Auflage

www.rediroma-verlag.de
11,50 Euro (D)

Horst Volz
Geb. am 25.09.1959
verheiratet, drei Kinder
EDV-Kaufmann, Disponent, Autor
und leidenschaftlicher Berater in allen Lebenssituationen ...

Meine ersten Erfahrungen ...

In meinem beruflichen Werdegang als Kaufmann, mit Schwerpunkt Orga und Disposition hatte ich schon immer mit vielen Menschen zu tun, die mir berichteten und später auch das Gefühl gaben, ich hätte ihnen durch meine Tipps und den vorhergegangenen Gesprächen, bei bevorstehenden privaten sowohl auch geschäftlichen Entscheidungen geholfen.
Ihr Leben hätte sich in irgendeiner Form verändert und es hätte sie deutlich weitergebracht ...

Spätere Erfahrungen und Feststellungen ...

Auch als ich vor einigen Jahren noch nebenberuflich anfing, Menschen in bestimmten Lebenslagen und Situationen zu beraten, fiel mir auf, dass ich immer mehr zu einer besseren Lebensqualität bzw. zu einem erfüllteren Lebensgefühl bei der betreffenden Person beitragen konnte.

Weiterbildung und Fortbildung durch Praxis, Bücher und Seminare ...

Nach unzähligen Büchern, die ich über Selbsthilfe gelesen, und nach Seminaren, an denen ich teilgenommen habe, ist mir immer klarer und bewusster geworden, dass es mir eine unbeschreibliche, persönliche Erfüllung bringt, Menschen in allen Lebensfragen zu beraten, ihnen meine Hilfe anzubieten und sie bei der Umsetzung zu unterstützen.

Lebenserfahrung ...

Heute, mit über 50 Jahren und grauen Ansätzen, verfüge ich über ausreichend Lebenserfahrung und konnte schon einigen Menschen bei ihren Tiefen zu Höhen verhelfen.
Mein kleines Team und ich sind gerne bereit, auch Ihre Probleme und Erfahrungen aufzumischen und mit ihnen zu teilen. Vielleicht kann ich ja auch bei dir

dazu beitragen, dass du in allen Lebenslagen und Situationen als Gewinner hervorgehst, so denkst und entsprechend handelst ...

So entstand auch dieses Buch, denn Worte eilen den Taten voraus!

Und denken Sie auch in der Zukunft immer daran: Das, was Sie über den Tag denken und sich vorstellen, das rufen sie in Ihr Leben und genau das wird auch Ihre Wirklichkeit werden. Denn kein anderer Mensch hier auf Erden, und sei er auch noch so mächtig, kann Ihre Gedanken ändern, das können nur Sie selbst.
- - Das, was du denkst, das bist du auch! - -
Fang heute damit an, nur das Allerbeste von dir und anderen zu denken, dir selbst zuliebe ...

Kontakt

horst.volz@gmail.com
www.TDU-Volz.de

Horst Volz
T.D.U.

Inhaltsverzeichnis

Vorwort

Horst Volz

Viele Wünsche gibt es, im Laufe unseres Lebens. Doch am allermeisten denke ich, sind es Glück, Geld, Ruhm, Gesundheit u. v. m. - wahrscheinlich stehen diese ersten drei bei den meisten auf der Wunschliste an erster Stelle..
Wenn Sie ehrlich sind, wäre da auch noch die Hoffnung, von anderen Menschen beachtet, oder akzeptiert zu werden.
Ja mehr noch, man wäre glücklich, bewundert, oder sich wichtig zu fühlen.
Nein dieser Wunsch hat ganz und gar nichts mit Egoismus zu tun. Bedürfnisse nach Bestätigung sind menschlicher Natur, - sind deshalb auch ganz normal und in uns tief verwurzelt. Jeder von uns hat eine gewisse Sehnsucht ganz oben auf der Erfolgsleiter zu stehen, jeder möchte auf seine eigene
Art und Weise erfolgreich sein, Erfolg haben, Lebenserfolg...
Unser Denken macht es letztlich dazu!!

Eigentlich hatte ich gar nicht vor, ein öffentliches Buch zu schreiben.
Es sollte von der Grundidee, ein kleiner Geburtstagsgedichtsband für einen langjährigen und guten Freund von mir zum 50. Geburtstag als Überraschungsgeschenk werden.
Doch manchmal kommt es im Leben etwas anders, als man denkt.
Nachdem Menschen, die mir sehr nahestehen, mein mehrmals überarbeitetes Manuskript gelesen haben und mir geliebte Menschen ans Herz gelegt haben, dieses Buch nicht für einen einzigen Menschen nur allein zu schreiben, sondern das, was du zu sagen hast, Horst, sollten möglichst viele auf dieser Welt wissen und erfahren, was du mit deinen Gedichten, Sprüchen, Zusatztexten, Weisheiten, und Bibelsprüchen ausdrücken willst..
Damals habe ich, wenn ich ganz ehrlich bin, auch noch nicht so richtig daran geglaubt, heute weiß ich, dass sie Recht behalten sollten und freue mich deshalb ganz besonders darüber, was mit guten Freunden, Gottes Hilfe, Zuversicht, Glauben an sich selbst, seinen Fähigkeiten vertraut, und einer sicheren Führung alles möglich ist!!
Ich wünsche Ihnen viel Spaß und Anregungen beim lesen, möge Ihnen dieses Angebot helfen, die Stelle in meinem Buch zu finden, an der Sie Ihren Wert erkennen, denjenigen Teil von Ihnen, der seine Liebe und Selbstanerkennung ist!!
>>Danke<<

Behalte alles Positive in deinem Gedächtnis,
mache es zu deinem persönlichen Vermächtnis!

Geld alleine macht nicht glücklich, aber es beruhigt die Nerven und das Gemüt.

Viel Geld bedeutet ein unabhängiges Leben,
auf ein Ziel gerichtetes Streben
Geld bedeutet natürlich auch Reichtum,
hast du es aber nicht, sei es drum ...
Wichtig ist jedoch dein eigenes Glück,
nimm dafür vom Kuchen des Lebens ein großes Stück ...
Das Geld, wenn du es aber wirklich so sehr willst,
deine Energie damit stillst,
kommt es selbstverständlich auch zu dir,
sei gewiss, das glaube mir!

Das, was du glaubst, wird zu dir kommen und das ist mit allem so, ob es eine neue Liebe, Erfolg, Zufriedenheit, Glück, Freude usw., einfach alles, was du dir in deiner Gedankenwelt zurechtlegst, kommt zu dir, wenn du eine klare Vorstellung von dem hast, was du wirklich und von ganzem Herzen willst und du dir glaubhaft wünschst!
Drei Dinge zur Umsetzung brauchst du:

Erstens -> Eine klare Vorstellung von dem, was du willst ...
Zweitens -> Den eisernen Willen in dir, es zu erreichen ...
Drittens -> Die klare Vorstellung davon, dass du es schon erhalten hast ...

>>> Ein Mensch, der auf eine neue Chance hofft <<<

Er spricht leise, man kann ihn kaum noch verstehen,
er ist müde, kann kaum noch gehen
er sieht gut aus, kann es aber kaum noch sehen ...
Wird sich das Blatt noch wenden,
sollte er eine Nachricht an das Universum senden,
wird er seinen Mann wieder stehen
ja, er hilft wieder mit, an dem Rad der Mutter Erde zu drehen ...
Gib nicht auf, lauf mit, es gibt immer einen Weg, halte durch und du siehst ihn ...

Leider müssen die guten Menschen
früher gehen, die einem sehr nahe stehen
Menschen, denen man außer der Liebe alles gibt ...
Man kann das Älterwerden und das Sterben nicht aufhalten,
nicht so einfach verwalten,
auch nicht, wie man gerne will, schalten und walten,
kann das Leben aber so gut es eben geht selbst gestalten!

Nimm das Leben als eine Herausforderung an und erfreue dich an jedem einzelnen Tag, der dir geschenkt wird ...
Ein jeder neuer Tag ist wie eine Wiedergeburt, dein Leben fängt mit jedem Sonnenaufgang von vorne an, also kannst du an jedem neuen Tag auch ein neues Leben beginnen ...
Denk daran, es kann so schnell vorbei sein, deshalb lebe bewusst und genieße, es ist ohnehin zu kurz ... >> Aber ein Wunder <<

Gedicht für deine Liebste / deinen Liebsten ...

Lass dir Blumen schenken,
die Gedanken auf Positives lenken
nimm dir, was du zum Leben brauchst,
Energie und Liebe in dich hauchst ...
Es gibt so vieles zu bereden und zu sagen
ohne sich zu beklagen, gibt es doch noch Fragen,
das eine oder andere ergibt sich ganz von allein
du sollst ein Leben lang bei mir sein ...
Ich liebe dich so sehr,
darum fällt mir auch das Diskutieren und Fragen so schwer,
man braucht gar nicht so viel zu wissen,
sollte seine/n Partner/in dafür lieber öfter küssen ...
Jeden Tag ein großzügiges Lächeln verschenken
es gerne und von Herzen geben,
mit ihr / ihm in den Wolken schweben!
Ein Tag wie jeder andere
mein Geist mühselig wandere,
ich hoffe täglich auf mehr Gerechtigkeit,
Glück, Gesundheit und Seligkeit ...
Freuen heißt erwache und staune,
bleib deshalb immer guter Laune!
Viele Wünsche erfüllen sich von selbst,
betrachte dich und andere,
die Hauptsache ist jedoch, dass du dir selbst gefällst!
Nimm es so, wie es kommt, und überhöre das Gelächter,
denke immer daran, anderen geht es viel, viel schlechter!

Mit mehr Zufriedenheit und weniger Neid auf andere Menschen wirst du bei dir selbst mehr Gutes entdecken und somit für andere um dich herum ein unbezahlbarer Schatz werden, denn du gibst alles Gute an andere weiter, ohne dass du es merkst! >> Denn wer gibt, der kriegt << „Ein Gesetz des Lebens“

Gebet...

Meine Treue und Liebe gehört dir, lieber Gott
und das, glaube mir, sage ich ohne jeglichen Spott,
mein Herz und meine Seele lege ich in deine Hände rein,
mögen sie bei dir gut aufgehoben sein ...
Lieber Gott beschütze uns vor Kriegen, Gewalt
und sonstigen furchtbaren Dingen,
führe Menschen zusammen und lasse sie
gemeinsam den Tag ausklingen,
sie ein Lied für die ganzen Welt,
des Friedens miteinander und gemeinsam singen ...
Erlöse uns von den Sünden
auf dass wir ein neues Leben in dir, lieber Gott, finden
und mit dir zusammen für alles Gute in meinem Leben mich binden ...
Du gibst uns alles, wonach wir bitten,
sei auch manches noch so umstritten,
egal, was wir von dir verlangen,
um nichts müssen wir uns sorgen,
um nichts brauchen wir bangen ... D A N K E

In der Unendlichkeit des Lebens, dort, wo ich bin,
ist alles vollkommen ganz und vollständig.

Menschen brauchen Kraft und Liebe ...

Menschen brauchen Kraft und Liebe, um ihr Leben zu meistern, ohne Ausnahme ...
Es gibt so vieles, wonach sie sich sehnen, trotzdem bleibt vieles unerfüllt und wird deshalb traurig >> Aber ist es ein Grund traurig zu sein, wenn es einmal nicht so läuft, wie man es gerne hätte, oder weil man es für sich selbst so bestimmt oder für sich in Anspruch genommen hat ...
Wir können nicht alles für uns in Anspruch nehmen, wir leben alle in einer Gemeinschaft, die sich Erde nennt und da heißt es, miteinander, denn nur ein Miteinander gibt uns Kraft und lässt uns unglaubliche Dinge verwirklichen. Alles, was bisher an Großartigem und Schönen von der Menschheit erschaffen und geschaffen wurde, ist nicht gegeneinander, sondern miteinander gemacht worden ... >> Macht bitte weiter so <<
Habt Respekt vor der Gesamtheit eines jeden einzelnen Menschen in seiner Person, denn er ist einzigartig und er trägt was Göttliches in sich... „Seine Seele“

Zum Nachdenken ...

Gib den Menschen Kraft,
speise sie mit Lebenssaft,
hilf ihnen, wenn sie Probleme haben,
lass sie sich an deiner Kraft und Stärke laben,
wenn sie einsam sind,
deine Gesellschaft sie / er bei dir find!
Gib ihnen all das, wonach sie auch immer bei dir suchen,
lass sie aber auch, einen Platz bei dir im Himmel buchen ...

Mach dir keine Sorgen um das Morgen

Mach dir keine Sorgen um das Morgen, denn das heute ist wichtig, denk immer daran, du lebst immer in der Zeit und jetzt. Koste den Tag aus und sorge dich nicht um den nächsten, denn keiner weiß, was er dir bringen wird. Sei Gestalter in deinem Leben, sei dein eigener Künstler, male dir deine Träume und Wünsche in den schönsten Farben aus und dann warte ganz gespannt darauf und vertraue deinem höheren Ich in dir, was und wie es in dein Leben kommt ... Es werden Wunder geschehen ...
Wagnis + Hoffnung + Glauben + Vertrauen = E R F O L G

Ein Gedicht für den Morgen, zum Nachdenken ...

Wo bist du morgen,
hast du noch Sorgen
oder bleibt dir alles verborgen ...
Vielleicht hast du auch morgen keine Sorgen
und dir bleibt gar nichts verborgen!
Steh auf und sag mir, was du siehst,
sag mir, auf wen du zielst,
sag mir, ob du klagst,
oder ob du es doch noch wagst

Erfolgsstory der Evolution:
Menschen besitzen dank ihrer Denkfähigkeit grenzenlose Möglichkeiten.

>>Was denkbar ist, ist auch machbar.<<
Christoph Daum, Fußball-Trainer

Ein Gedicht der Liebe zu Gott, zum Nachdenken ...

Mit Liebe kannst du alles erreichen,
kannst Seelen damit streichen,
gib uns mehr davon
oder reicht dir das etwa schon?
Lieber Gott, wenn du nicht wärst,
alles andere uns entbehrst,
ich fühle mich zu dir hingezogen,
du hast uns noch nie betrogen, oder belogen.

Wie gehe ich mit dem Tod, Trauer und Verzweiflung um, wenn wir geliebte Menschen verlieren, wie geht es weiter, »wird mich dieser Schmerz erdrücken?«. Wie viele Gedanken machst du dir darüber und wie meisterst du dein Leben danach, ohne diesen geliebten Menschen?
Aber was wir oft vergessen oder verdrängen ... wir sind hier auf diese Erde gekommen, um unsere eigene Lektion zu lernen. Um dann, wenn unsere Zeit hier abgelaufen ist, eine noch viel höhere und anspruchsvollere Aufgabe übernehmen zu können; die uns auch wieder auf eine andere Art und Weise wieder zugute kommen wird ...
Also, wenn wir es einmal so betrachten, gehen die Menschen uns nur voraus, um uns den Weg zu ebnen und um uns dort eines Tages auf einer höheren Ebene zu begegnen, uns dort in Empfang zu nehmen und herzlich zu begrüßen ...
Denn in Gedanken und in unseren Herzen sind und bleiben wir ohnehin immer miteinander verbunden.

Es gibt keinen Anfang und kein Ende, nur einen beständigen Kreislauf und ein Wiederkehren von Materie und Erfahrungen.

Am Ende seiner Leiter - - - (zum Nachdenken) - - -

Ein Verzweifelter ruft, das Leben ist des Menschen Verderben,
geliebte Menschen müssen oftmals viel zu früh sterben,
einen Menschen viel zu bald zu verlieren,
kann man nur noch mit Erinnerungen sein trauriges Herz verzieren!
Aber beruhige dich, diese geliebten Menschen leben noch
auf einem anderen Stern glücklich weiter und heiter,
schließlich kommt mal ein jeder an das Ende seiner Leiter!

Für Partner, die sich ihrer Sache zu sicher sind!

Geh nicht von zu Hause weg, ohne ein Ade,
denn sonst tut der Abschied doppelt so weh ...
Komm aber auch nie zurück ohne einen Kuss,
sonst ist schneller, als du denken kannst,
mit deiner Beziehung Schluss,
sag nie, so etwas kann mir nicht passieren,
Männer die glauben, sie haben schon einen Bart
brauchen sich deshalb auch nie mehr zu rasieren ...
Du weißt hoffentlich, was ich damit meine,
bringe, wenn du noch kannst, schnell alles wieder ins Reine,
denn Männer sind nicht umsonst ja angeblich lauter Schweine!

Ein Lernprozess ist alles im Leben, auch das »Nein« sagen gehört dazu!!

Das Leben ist und bleibt immer eine Betrachtungsweise seiner selbst, also muss es nicht unbedingt richtig sein, was ein Partner oder Nachbar zum anderen sagt. Du denkst, was richtig oder falsch für dich ist, nicht dein Partner, Nachbar oder sonst irgendjemand anderes auf dieser Welt, nur du alleine bist wichtig und verantwortlich für dein Leben ...
Das gilt es zu lernen und zu begreifen; jetzt bist du bereits auf dem richtigen Weg.

Achte die Menschen, denen du vertraust

Achte die Menschen, denen du vertraust,
achte darauf, dass du mit ihnen in eine Richtung schaust,
gehe nicht achtlos an ihnen vorbei,
auch nicht nach einem Streit und wenn es noch so aussichtslos sei ...
Gib niemals eine Freundschaft einfach so auf,
es geht auch in einer Freundschaft nicht immer nur Berg auf,
kämpfe um deine Freunde, kämpfe darum, wenn es sein muss, wie ein Bär,
denn ohne Freunde hast du es schwer und dein Leben ist leer
gute Freunde im Leben sind wertvoll und gut Handhaben,
so ist es und so bleibt es ewig, bei uns Donauschwaben ...

Denk einfach mal darüber nach...

Ich will mit diesem Schreiben zu all den Menschen sprechen,
die anderen bewusst und ohne Liebe ihre Herzen brechen,
sie wissen und ahnen nicht, welchen Schmerz sie dem anderen damit zufügen,
wenn sie ihn oder sie belügen oder betrügen ...
Macht einen Menschen damit fertig und zerstört ihn in seinem sensiblen Innern,
er fängt an, über sich zu wimmern ...
Zerstört ihnen dadurch ihr Selbstvertrauen,
du hast kein Recht, ihnen das Leben regelrecht zu versauen!

Dafür *brauchst du allerdings dann auch keine Scheu,*
bereu und bleib deinem/r Anvertrauten in Zukunft treu,
denn du bist sicherlich mit deinem Partner gut bedient,
außerdem hat er/sie Ehrlichkeit und mehr Respekt verdient ...

Charakter und Seele stärken..

Verstand ist eine Tugend,
bekannt schon aus frühester Jugend
hat es einer nicht,
ist er ein kleiner Wicht,
nicht besonders gesegnet vom Licht ...
Kraft zum Leben bekommt man durch den Glauben an Gott,
das ist meine Überzeugung und nicht der tägliche Spott und Trott ...
Wer es ausprobiert und fest glaubt, wird es selbst an sich merken,
es wird seinen Charakter schärfen und seine Seele stärken!

Wenn du es eilig hast, gehe einen Umweg ... (Chinesisches Sprichwort)

Konfuzius packte sein Wissen um die Wichtigkeit von Zielorientierung in folgenden Satz:
>>Auch eine Reise von tausend Wegstunden beginnt mit einem einzigen Schritt.<<

Das Leben kurz zusammengefasst..

Dieses Leben
ein unermüdliches Streben,
wenn die Sonne morgens im Antlitz blitzt,
der Alltag im Morgengrauen schwitzt
ist es höchste Zeit aufzustehen,
um den Weg zur Arbeit anzugehen ...
Der Mensch, geboren als Arbeitstier,
um zu malochen, für mehr als vier
von morgens, bis abends oft noch bis tief in die Nacht,
auf dass das Herz des Unternehmers lustvoll im Leibe lacht ...
Es ist nicht immer einfach, als Mensch geboren zu sein,
um ständig nur für andere zu arbeiten, ist doch mehr als gemein?
Selbstverständlich gibt es auch schöne und gemütliche Stunden,
begibt sich sofort auf Reisen, um andere Länder zu erkunden
sind die gemütlichen Stunden dann wieder verweilt,
wird jeden Morgen, wie gewohnt anständig zur Arbeit geeilt ...
Zum großen Geld reicht es trotz aller Arbeit, Fleiß und sparen nur sehr wenigen,
da bleiben nur noch die schönen Träume übrig, vom großen Geld,
einmal reisen um die ganze Welt!
Im Leben geht es halt wie überall und so oft
einmal rauf und einmal runter,
aber gerade das macht uns stark
und hält uns für Eventualitäten munter ...
Wir sollten daher immer gerecht und ausdauernd sein in unseren Herzen,
hell erleuchten dann die Lichterkerzen,
nimmt uns die Alltagsschmerzen!
Aber bitte nicht darüber klagen
ihr müsst einfach dann noch mehr wagen ...

Glaube an deine Träume und sie werden sich verwirklichen, nur du alleine bist dazu in der Lage, das, woran du glaubst, in dir hervorzubringen ...

Ich höre klar und deutlich den Regen fallen

Ich höre klar und deutlich den Regen fallen,
aus der Gaststätte höre ich Menschen erfinderisch Kreatives lallen,
lasst uns gemeinsam die Fäuste zur Arbeit ballen,
vieles wird diskutiert, geformt und aus Altem Neues gemacht
dafür werden kostbare Güter wie Stahl, Eisen, Kunststoff,
Seide und Holz zum Basteln gebracht,
daraus werden tolle Sachen in Eigenregie gemacht
aufopferungsvoll wird gehämmert, geschmiedet und Neues geplant,
so manch neues Rädchen miteinander verzahnt ...
Aufgeben, auch wenn was schiefgeht, deshalb noch lange nicht angesagt,
auch wenn der eine oder andere versagt
sich immer wieder an das neue Projekt heranwagt
und wenn es dich noch so plagt,
denn das Beste kommt immer von denen
die sich nicht anlehnen, sondern was unternehmen,
denn sie greifen nach den Sternen
von ihnen kannst du in jeder Hinsicht etwas lernen ...
Miteinander sind wir plötzlich stark
und können alles, was wir wollen, auch bewegen,
da ist auf einmal nichts mehr unmöglich!

Die Gesamtheit aller Möglichkeiten ...

Jeder einzelne von uns ist mit dem Universum und dem Leben insgesamt verbunden.
Wir besitzen die innere Kraft, den Horizont unseres Bewusstseins zu erweitern.

>>> Das Leben ist schön, so, wie es ist ... <<<

Es ist schön, das Leben zu genießen,
schau zu, wenn aus der Erde neue Pflanzen sprießen
man glaubt es kaum, muss es sehen
wenn überall auf Wiesen über Nacht neue Blumen stehen,
überall, wo man jetzt hinsieht,
ein Wunder um das andere geschieht...
Jetzt ist der Tag so hell, so klar
da freut sich der Mensch, jedes Tier
und die ganze Vogelschar,
es ist einfach wunderbar ...
Sie ist nicht mehr weit,
die schöne Sommerzeit!

Lasst eure Herzen für alle schönen Dinge im Leben aufgehen und seid in jeder und aller Zeit dankbar dafür, dass ihr hören, sehen und schmecken könnt ...

Warum leben wir eigentlich?

Oft überlege ich, woher wir kommen, warum wir leben,
man sagt, dass wir was erleben
aber was ist nach unserem Leben?
Werden wir in der Hölle beben,
oder in den Himmel schweben,
hast du darüber schon mal ernsthaft nachgedacht
oder hast du Angst, du wirst ausgelacht?
Wer weiß das schon, was danach wird kommen,
lebet daher mit der Vernunft,
dann werdet ihr es sehen, << in der Zukunft >>!!!

Das sollte jeder in sich tragen ...

Ich vergesse, was hinter mir liegt, und strecke mich nach dem aus, was vor mir ist.
Das Ziel vor Augen jage ich nach dem Kleinod (Philipper 3,13 - 14).
Ein Leben in Gesundheit, Glück, Kraft, Freude und inneren Frieden anstreben ...

Leid tun mir nur die Kranken

Leid tun mir die Kranken,
nicht solche, die ein Leben lang miteinander zanken.
Freude bringen Menschen, die sich untereinander helfen,
nicht unterwerfen, oder sich selbst verwerfen ...
Leute, die Hass, Neid, und Eifersucht ausdrücken,
haben ihre Tücken, verhängnisvolle Lücken,
lassen sich durch nichts mehr entzücken ...
Menschen mit keinerlei Liebe und Gefühlen
sitzen unbehaglich und ohne Hoffnung
zwischen zwei Stühlen!

Bibelsprüche

Wenn nicht der Herr das Haus baut, müht sich jeder umsonst, der daran baut (Psalm 127,1).
Denn der Herr, dein Gott, wird dich segnen in allem deinen Einkommen und in allen Werken deiner Hände; darum sollst du fröhlich sein (5. Mose 16, 15).

Ursachen: Neid, Hass, und Eifersucht können Krankheiten hervorrufen!

Bleib deinem Wesen treu und lass dich von niemandem ändern, denn nur dein eigenes Denken und Fühlen bringt dich an deine Ziele << Niemand sonst >>

Du glaubst, du bist ein Mensch mit höherem Verstand

Du glaubst, du bist ein Mensch mit höherem Verstand
ja, du trägst sogar ein teures Gewand
ein Auto, das lässt so manchen vor Neid erbleichen,
nicht kreditwürdig zu sein, da lässt sich kein Banker erweichen ...
Ein Kerl noch dazu, so groß wie ein Turm,
nicht so klein wie ein Regenwurm
nein, so breit wie ein Baum,
der Gürtel passt kaum noch durch den Hosensaum,
ein Haus, so groß wie ein Schloss
an jeder Ecke ein Leibwächter,
aussehend wie Kopfschlächter
bewaffnet, mit einem Kugelgeschoss,
glücklich ist er offensichtlich auch noch dazu,
bekommt aber nie so richtig seine Ruh!

Aufbauende Bibelworte:

Der überlegene Mensch ist immer ruhig und gelassen (Konfuzius).

Stille und Vertrauen verleihen euch Kraft (Jesaja 30, 15).

Ein Geduldiger ist besser als ein Kriegsheld und wer sich selbst beherrscht, ist besser als der, der Städte erobert (Sprüche 16, 32).

Die Reise in das Glück ...

Geht und holt euch euer Glück,
erst dann kommt von eurer Reise zurück ...
Berichtet, was ihr erlebt und Neues erkannt,
seid ihr etwa noch nicht im Rundfunk oder Fernsehen bekannt ...
Wie viel Zeit muss man denn euch noch geben,
das Leben ist zu kurz, um nichts Sinnvolles anzustreben ...
Blickt, egal, was ihr einmal werdet, an euch selber hoch,
sonst werdet ihr betrogen,
verarscht, bestohlen und belogen!

Du alleine trägst es in deinem Geist und Herzen, was du wirklich willst oder auch nicht ... Gib niemandem die Schuld, wenn es nicht so läuft ...
Du weißt es bereits, nur du alleine bist für dich verantwortlich, wohin deine Reise gehen soll!

Jörg Löhr – Unternehmensberater, Inhaber mehrerer Firmen und Top-Erfolgstrainer für Menschen, die mehr im Leben wollen..

>>Erst wenn du weißt, was du kannst, kannst du anfangen zu tun, was du willst.<<
Jörg Löhr

Jörg Löhrs 15 Grundannahmen des Erfolgs...

1. Alles ist in Bewegung.
2. Jeder Mensch hat die meisten Fertigkeiten, die er zum Leben braucht, in sich.
3. Übernimm die Verantwortung, was immer auch geschieht.
4. Das Gehirn lernt schnell.
5. Veränderungen setzen voraus, dass das Ziel klar definiert ist.
6. Alles, was passiert, hat einen bestimmten Sinn und bringt Nutzen.
7. Es gibt keinen Misserfolg, es gibt nur Resultate.
8. Jeder Mensch nimmt seine Umwelt unterschiedlich wahr.
9. Jeder Gedanke hat die Tendenz, sich zu verwirklichen.
10. Deine Umwelt ist ein Spiegel deiner Selbst.
11. Jeder Mensch hat eine bewusste und unbewusste Verhaltensebene.
12. Kein Erfolg ohne Hingabe.
13. Menschen sind deine größte Kraftquelle.
14. Ich muss nicht alles verstehen, um es anwenden zu können.
15. Die Vergangenheit ist nicht die Zukunft.

Frühlingsgefühle ...

So ein schönes und sonniges Frühlingswetter,
wir begrüßen es mit Freudengeschrei, Trommel und Geschetter
freuen uns über jede freie Minute und Stunde
Frohsinn und gute Laune ist in jedem Munde ...
Sonne, Sonne, sie ist angenehm und heiß,
manchem wird übel, im Gesicht bleich, wie man weiß,
badet im eigenen Schweiß,
diese Hitze haut so manchen aus dem Gleis,
aber es ist schön, diese Wärme und Energie zu tanken,
auch wenn es so manchen bringt zum schwanken!
Sei immer dankbar, wann und wie sich dein Leben ändert und verändert, es gleicht oft dem Wetter und dient in jedem Fall immer nur zu deinem Besten!
... »Heute Regen, Morgen Sonnenschein« ...

Im Monat Mai ist alles möglich ...

Der Mai ist gekommen,
wir haben ihn vernommen,
kommt mit seinem Frühlingscharme,
ist noch an Sonnenstrahlen arm ...
Ein Monat im Jahr, wo sich ein jeder erfreut,
nicht in diesem Monat geboren zu sein, man bereut!
Schnell gehen die warmen Tage im Mai um,
genieße sie in vollen Zügen, oder auch stumm ...
Es erwartet uns danach ein neuer Monat wieder,
macht vorher noch viel Sport und streckt eure müden Glieder,
oder singt von mir aus schöne Frühlingslieder ...

Spruch ...

Lass dich nicht unterkriegen, du machst das schon!

Ein Tag ...

Ein Tag, so richtig zum freuen,
könnt man vor lauter Freude
überall Zucker darüber streuen ...
Liebe und Freude will verkünden,
Gott vergibt uns unsere Sünden,
seid deshalb gerecht
nicht immerzu schlecht,
das erhält euch euer Lebensrecht ...
Helft euch, spendet euch gegenseitig Kraft,
dann habt ihr einen erheblichen Teil im Leben schon geschafft!
Haltet zusammen und marschiert gemeinsam ins Ziel
einer ist zu wenig, die Masse ergibt unter dem Strich sehr viel,
das ist in unserer heutigen Zeit der beste und modernste Stil ...

<<<< **Bibelsprüche** >>>>

* Wenn du glauben könntest! Alle Dinge sind dem möglich, der da glaubt (Markus 9, 23).
* Fehlt es aber einem von euch an Weisheit, dann soll er sie von Gott erbitten; Gott wird sie ihm geben, denn er gibt allen gern und macht niemand einen Vorwurf (Jakobus 1, 5).

Mache etwas aus deinem Leben, lasse nicht zu, dass es andere für dich tun!

Es überrascht mich immer wieder

Es überrascht mich immer wieder auf das neue, wie die Gedanken
ständig wandern und wanken ...
Keiner weiß mehr so genau, was soll ich eigentlich tun,
kann überhaupt nicht mehr richtig in mir ruh'n ...
Die Gedanken sind plötzlich pausenlos da und doch immer auf einer langen Reise,
himmlisch und teuflisch zugleich, aber auf eine ganz besondere Weise ...
Gedanken sind für jeden einzelnen Menschen von ganz persönlicher Art,
keiner im Umgang damit spart ...
Schickt sie weg und holt sie nach Bedarf wieder her,
sonst wären der Verstand und auch die Gefühle völlig leer!

Spruch

Lerne deine Gedanken in den Griff zu bekommen,
sonst bekommen dich deine Gedanken in den Griff!

Träume, dann setzte es in die Tat um ...

Schön ist der Tag, ich genieße ihn sehr,
mag den Sonnenschein und stelle mir vor
liege am Strand, direkt vor dem Meer ...
Hell ist das Licht über mir,
da fühle ich mich nah bei dir,
ich zähle jeden Tag im Jahr,
träume oft, ich bin jetzt ein Star ...
Genieße dabei den Rummel und das begeisterte Publikum vor mir
spüre dann plötzlich Eleganz und Power aufsteigen, wie von einem Stier ...
Entferne mich schon wieder von dem Traum, beginne mit mir im Innern einen Streit,
am Ende denke ich, vielleicht arbeitet ja für mich der Zufall oder die Zeit!
Mein(e) liebe(r) Leser(in), es gibt keinen Zufall, du bist und bleibst selbst der Macher in deinem Leben und du trägst auch die Verantwortung in dem was du sagst und tust! <<<< Das ist der Zufall <<<<
<<<< Die Zeit ist nur ein Begriff und beinhaltet die Ewigkeit >>>>

Kleider machen Leute...

Leute drehen sich auf der Straße nach mir um,
genieße es, ganz still und stumm,
habe teure und schöne Klamotten an,
überlege ich ganz spontan ...
Die Überlegung lautet: Ein Pullover von Boss,
oder der Marke Chiemsee
den brachte mir wohl eine gute Fee,
oder habe ich ihn mir wohl doch selbst gekauft,
am Ende nur geschenkt gekriegt
oder über eine nette Verkäuferin gesiegt ...
So ein Aufsehen, wegen ein paar neuer Kleider,
es gibt sie doch überall auf der Welt, horcht auf, ihr Neider ...
Hast du aber nichts und gehst auf der Straße umher,
bleiben die Augen und Blicke derer starr und leer,
schaut dir keiner mehr so selbstverständlich und neidisch hinterher ...

Spruch ...

Wer neidisch auf andere schaut und so durch das Leben geht, wird selbst kaum was bewegen oder erreichen ... Er ist zu viel damit beschäftigt, was andere um ihn herum bereits geschafft und erreicht haben!

Mach es einfach und überlege nicht so lange ...

Er sagt, bei dem hast du jetzt ein Plus,
ein andere sagt voller Überdruss,
red doch du keinen Stuss,
der Mensch glaubt und meint, er müsse sich täglich selbst bestätigen
an gewissen Dingen sich behaupten und betätigen,
arbeitet aber da einer nicht richtig mit,
wird seine Sache auch nie ein richtiger Hit ...
Der, der nicht so richtig will,
sitzt ruhig in einer Ecke, schweigt ganz still
meint er kann nichts werden,
hier auf Erden ...

<<<< Bibelspruch >>>>

Wenn das Weizenkorn nicht in die Erde fällt und stirbt,
bleibt es allein; wenn es aber stirbt, bringt es viele Früchte.
(Johannes 12, 24).

Spruch

Einer, der nur mit den Augen sieht, wird das Wesentliche nicht erkennen, er wird vorübergehen, ohne noch einmal genauer hinzusehen!

Das, was wir sehen, ist alles wahr,
es ist uns deshalb nicht unbedingt klar,
alles, was der Mensch nicht unmittelbar berührt,
nicht an seinen Händen und Sinnen spürt,
glaubt er einem anderen nicht,
so sehe ich es, aus meiner Sicht ...
Leuchten aber oben am Himmel bei Nacht wieder die Sterne,
glauben wir es gerne!

Was wir sehen und spüren, das glauben wir auch, was wir allerdings noch nicht sehen können, da plagen uns Zweifel ... Und doch ist es schon so nahe, wenn wir durchhalten, werden wir es sehen ...

Bibelspruch

Habe deine Lust am Herrn! Dann gibt er dir, was dein Herz begehrt. (Psalm 37,4).

Beharrlichkeit ...

Ein Hauch von Beharrlichkeit,
dafür nimmt sich doch heute keiner mehr Zeit,
die Wege zur Ruhe und Besinnung, werden immer schwerer,
die Herzen immer einsamer und leerer!

Bibelsprüche:

Gott gibt ... allen das Leben, den Atem und alles (17 , 25).
Wohl dem, der sich auf den Herrn verlässt! (Sprüche 16,20)

Allergien:

Es riecht so gut, die Luft auf den Wiesen, Wäldern und Gassen,
jetzt müsst ihr wieder besonders auf die Allergien aufpassen ...
Schnell haben sie sich in eure Körper und Zellen einquartiert
und die Blutbahnen auf Krankheit frisiert ...
Aber so ist das nun mal, beginnend in der Frühlingszeit,
da sind eben die Pollen nicht mehr weit
die Gesundheit für Allergiker auf der Strecke bleibt,
dein Körper nach Hilfe schreit, der Arzt dir Medikamente dafür verschreibt ...
Erfüllen die Medikamente auch nicht ihren Zweck,
spätestens ist alles wieder vorbei, wenn der Mai ist wieder weg!

Vertrauen:

Gib deinem Herzen einen Schubs und nimm Vertrauen mit, du glaubst gar nicht, was da geschehen kann ... Wenn du das Spiel des Leben mitspielst, denn Vertrauen beschleunigt alles um ein Vielfaches!
Entweder du brauchst Medikamente oder du vertraust darauf, dass alles wieder zu sich selbst findet!

Ich bin ein Typ mit sehr unruhigem Blut

Ich bin ein Typ mit sehr unruhigem Blut,
dennoch mit sehr viel Mut
ständig den Blick nach vorne gerichtet, gehend aufs Ganze,
mich ab und zu auch mal verschanze ...
Heiß auf alles Neue
so gut wie nie etwas bereue,
mein Blut läuft aufgeregt durch die Arterie,
morgen beginnt wieder eine neue Materie ...
Es wird Zeit, dass wieder etwas Neues beginnt
bevor uns das Blut in den Adern fest gerinnt ...
Bevor Menschen den Mut haben, etwas Neues zu beginnen
sollten sie nicht andere danach fragen, die sagen sowieso, sie spinnen ...
Aber die Menschen, die es trotzdem wagen,
sich plagen, dennoch nicht verzagen,
lassen sich durch nichts und niemanden erweichen,
werden eines Tages alles erreichen ...
Denn nichts ist im Leben unmöglich,
der, der dann ganz oben steht, bist du womöglich ...

Bibelspruch:

Bittet, so wird euch gegeben; klopfet an, so wird euch aufgetan (Matthäus 7,7).

Lass dich nicht einschüchtern:

Lass dich von nichts und niemandem einschüchtern, denn andere sind selbst auch nicht in der Lage, werden von Ängsten und Selbstzweifeln gerüttelt und geplagt ...
Wenn du was Neues beginnen willst, dann mach es, behalte es aber für dich, so umgehst du am besten Gelächter und Spott, denn im Grunde genommen sehnen sich alle nach Abwechslung und Anerkennung in ihrem teilweise langweilig gewordenen Leben ...
Aufgepasst, deshalb gönnen sie auch dir keinen Erfolg, hau rein, gib Gas, lass dich nicht aufhalten, es wird belohnt, denn nur so kannst du ganz oben stehen, du musst anfangen, groß von dir zu denken, dann kommt auch der ERFOLG ...
Höre auf dein Bauchgefühl, dann wirst du auch dort ankommen!

Bibelsprüche:

Ich fürchte kein Unglück; denn du bist bei mir ... (Psalm23,4).
Ich hebe meine Augen auf zu den Bergen. Woher kommt mir Hilfe?
Meine Hilfe kommt vom Herrn, der Himmel und Erde gemacht hat. (Psalm 121,1 1-2).

Oft denke ich über andere Menschen nach

Oft denke ich über andere Menschen nach,
die Gedanken liegen brach,
kaum hat man einen guten Gedanken und findet ihn selbst gut,
bringen ihn andere wieder ins Wanken, weg ist der Mut ...
Man sollte ihn trotzdem festhalten,
ihn für sich selbst verwalten...
Menschen in sich versunken eilig vorüber gehend,
sich selbst nicht mehr verstehend,
eilen, hetzen und überschlagen sich,
weil das wirklich gute, ihnen von der Seele wich!

>>Zielklarheit – das ist 80 Prozent des Erfolgs.<<
Brian Tracy

Dampf ablassen und kämpfen:

Es gibt mal wieder viel zu erzählen,
könnt ich nur nochmals beruflich anders wählen,
ein Tag mit viel Anspannung und Dampf,
es war ein verbitterter Kampf ...
Genau getimet und nach Plan, die Ziele gesteckt,
den nächsten Tag auch schon verplant und spitzbübisch ausgeheckt,
immer genau überlegt und seine Gedanken unter Kontrolle gehalten,
da kann ich dreh'n, halten, schalten und walten ...
Keiner kann mir rein reden, ich mach einfach, was ich will, keiner darf mir was sagen,
so kann ich meine Kollegen bis auf's Äußerste plagen ...
Lieber Freund, treibe es nicht zu bunt,
du bist auch bald dran, so tun sie es bei dir kund,
falls du es noch nicht weißt, es kommt alles das zurück, was du gibst,
egal, ob du ernsthaft, grob, glücklich, freudig, reich, arm bist, oder Menschen liebst!

Spruch:

Sei gut zu allen und allem, was dir begegnet, und es wird dir genau so widerfahren ...

Bibelsprüche:
Wanke weder zur Rechten noch zur Linken, wende deinen Fuß vom Bösen (Sprüche 4, 27).
Alles nun, was ihr wollt, dass euch die Leute tun sollen, das tut ihnen auch! (Matthäus 7, 12).

Fühle den Schmerz und genieße mit dem Herz..

Ich genieße zu schreiben,
auch wenn nur Worte auf dem Papier bleiben,
Liebe ist ein Wort, das nur noch wenige verstehen,
viele lassen nur einen Hauch von Lässigkeit
und Lächeln darüber gehen ...
Schreiben lässt sich dieses Wort leicht,
von einem aber, wenn man Pech hat, sehr schnell weicht ...
Wer aber wirklich liebt, hat ein großes, gutes und einfühlsames Herz,
erkennt schnell des anderen Schmerz,
so ein Mensch hat sehr viel Gefühl,
ist alles andere, nur nicht kühl ...
Ein Mensch, der an seine Mitmenschen denkt,
in ihre Herzen sich lenkt
keine Feigheit zeigt,
vor ihren Stärken, oder Schwächen sich neigt,
solchen Menschen wünscht man gerne die Unsterblichkeit
und das man sich wieder sieht, in der Ewigkeit ...

Bibelsprüche:

Dein Glaube hat dir geholfen (Matthäus 9, 22).
Durch Stillesein und Hoffen würdet ihr stark sein ... (Jesaja 30, 15).

Sprichwort:

Der lauteste Frieden ist immer noch besser als der leiseste Panzer!

Das war wieder ein Tag:

Das war vielleicht wieder ein Tag heut,
voller Leid und Freud.
Es ist, als würde mir der Kopf zerspringen
und ich hörte schon die Engelein singen ...
Wenn der Mensch nicht nur wäre so gemein,
dann wäre es auf dieser Welt nochmals so fein ...
Leider ist es so, als wollte jeder jeden besiegen,
um noch mehr zu kriegen ...
Ich möchte die Ruhe und das Verständnis suchen,
vielleicht eine Reise in den Süden buchen ...
Dort hinlegen in die Sonne,
das wäre jetzt eine Wonne!

Bibelsprüche ...

Dir geschehe, wie du geglaubt hast ... (Matthäus 8, 13).
Weiter, liebe Brüder, was wahrhaftig ist, was ehrbar, was gerecht, was keusch, was lieblich und was wohl lautet, ist etwa eine Tugend, ist etwa ein Lob, dem denket nach ! (Philipper 4, 8).

Spruch...

Genießt das Leben, es ist zu kurz, um es anderen zu überlassen!

Lasst uns froh und munter sein

Lasst uns froh und munter sein,
bei einem gemütlichen, guten Gläschen Wein,
heute kann uns nichts mehr stören
nur noch anderen Menschen zuhören ...
Was sie wohl so über den einen oder anderen erzählen,
wen sie morgen an ihrem Arbeitsplatz wieder quälen,
was werden sie mit ihr / ihm wohl wieder machen,
ausgedacht, ein paar fiese Sachen,
bei wem lassen sie es heute krachen,
bei wem wollen sie eventuell einen Streit entfachen ...
Findet ihr nicht auch, all dies ist nett und zeitgemäß fein,
überhaupt nicht gemein ...
So schön und entspannend kann ein Arbeitsplatz sein,
mehr Lug und Trug als Schein!

Bibelspruch:
So vertrage dich nun mit ihm und habe Frieden ... (Hiob 22, 21).

Summen der Nacht ...

Ich höre das sanfte Summen der Nacht.
Doch plötzlich die Haustüre vom Nachbarn in das Schloss kracht,
mein erster Gedanke, wie rücksichtslos die Menschen doch sind,
oder war es am Ende nur der Wind ...
Plötzlich wieder Ruhe und Stille, wie ich sie liebe,
schön dosiert, sie für die Nacht aussiebe!
Die Melodie, der herrliche Klang,
eine Stimme von herrlichem Gesang
ein Ruf, fast schon wie ein Zwang,
es wird einem Bang,
herrlich und süß ist diese Melodie,
fast schon wie eine Hysterie ...
Höre ganz andächtig zu und lege mich dabei entspannt hin,
auf dass ich wieder der Alte bin ...
Musik, Ruhe, Entspannung und aufmerksames Zuhören
kann uns so vieles geben,
wenn wir nur genau genug hinhören würden in unserem Leben!
Was will ich wohl damit sagen,
lasst euch durch nichts, nein durch gar nichts,
auch nicht und wenn es so ist, durch des Nachbarn Haustüre plagen ...

Streitigkeiten kommen durch Missverständnisse ...

Streitigkeiten kommen dann zustande, wenn sich jemand missverstanden fühlt und kein Gehör für seine Probleme findet ... Der einfachste Weg ist immer der, anderen die Schuld für sein eigenes Versagen zu geben, man will seine Ruhe, wer die stört, ist abgeschrieben und muss büßen ... Keine Zeit mehr für seinen Nächsten, um in gegenseitigem Einvernehmen und Verständnis eine Sache aus der Welt zu schaffen!
Ohne oft zu wissen, was und wie es geschehen ist, wird darauf losgeschmettert und die Faust geballt ... Am Ende stellt sich doch raus, alles halb so wild, diese Aufregung hätte ich mir eigentlich ersparen können, das kostete mich wieder Nerven und nagt an meiner Gesundheit, macht mich krank und schwach ... Alles unnötig, es gibt einen einfacheren Weg.
In der Ruhe liegt die Kraft, alles nichts mehr Neues, doch so heilsam und das gesündeste Medikament für die Seele ...

<<<<< Sprichwort ... >>>>>

Der Klügere gibt nach ...

Hochzeitstag nicht vergessen ...

Unser Hochzeitstag jährt sich nun schon zum [..]. mal,
kaum zu glauben, aber es ist phänomenal,
kannst du dich denn noch so vage daran erinnern,
die Liebe auf den ersten Blick, es machte klick
und es fing an zu schimmern ...
Glücklich wie noch nie, bis zum heutigen Tag,
glaube mir, so wie ich es sag ...
Mein lieber Schatz, du bist rein, so gut
gibst mir täglich neue Kraft und neuen Mut,
bist wie ein Schutzengel für mich
hoffe ich auch für dich ...
Tag ein, Tag aus gibst du mir deine Liebe und deine Kraft,
machst alles mit einer Lässigkeit, Geduld und Zielstrebigkeit
bist trotzdem immer voller Heiterkeit,
niemand so genau weiß, wie man soviel auf einmal schafft
vieles haben wir in den ersten Jahren unserer Ehe durchgemacht,
erreicht und über den Alltag gesiegt,
in herben schönen, trüben und sonnigen Tagen uns geliebt
immer wieder aufs Neue,
keinen Tag mit dir in meinem Leben bereue
du bist einfach wundervoll
ich finde dich einzigartig und toll ...
Hoffentlich darf ich mit dir alt werden
und im hohen Alter mit dir sterben,
ich liebe dich, mein Schatz
du hast ein großes Herz, viele hätten darin Platz ...
Schön, dass es dich gibt,
du wirst außer von mir noch von vielen anderen,
wegen deiner außergewöhnlichen Art geliebt!

I love you

Wenn du einen Partner / in hast, auf den du dich blind verlassen kannst, dann tue alles dafür, dass es nicht einseitig ist, sondern zeige deiner großen Liebe, wie sehr du ihn / sie brauchst ... Zeige es ihnen im Sommer mit Blumen und im Winter mit Schnee, außerdem gibt es immer und überall die Möglichkeit seinem Anvertrauten zu sagen ... Hallo, mein Schatz, habe ich dir heute schon gesagt, dass ich dich liebe ...
Das ist alles, aber diese drei Worte können Berge versetzen und können einer alten rostigen Liebe in neuen Glanz versetzen und zu einem neuem Lack verhelfen ...
Probier es doch einfach mal aus, du wirst überrascht sein, was passiert!
Es ist nichts selbstverständlich auf diesem Planeten, auch nicht, dass dein Partner / in immer bei dir bleibt, wenn du ihn nicht darum bittest und um ihn / sie kämpfst ...
Deshalb sage ich dir, <<< kämpfe, es lohnt sich immer >>> .

Liebe und streben ...

Mit Liebe könnt ihr alles bewegen,
es ist des Lebens Segen
treibt euch voran,
voller Elan ...
Lasst euch auf gar keinen Fall unterkriegen,
niemals unten liegen,
immer nach oben streben,
alles tun, für das ewige Leben!

Leben und Kraft ...

Verfolge dein Leben mit viel Stil,
erlaube dir selber nicht zu viel,
gebe dir selbst nicht zu viel Macht,
gehe jeden Tag neu an, aber sacht ...
Nicht mit Vollgas, sonst verlässt dich schnell die Kraft,
das Leben dich dafür rafft,
dann sinkst du Stück für Stück,
in die Realität zurück ...
Denke immer daran, das Leben ist bedacht,
aber für dich gemacht ...

<< Bibelspruch >>

Ich vergesse, was dahinten ist und strecke mich zu dem, was da vorne ist und jage nach dem vorgesteckten Ziel ... (Philipper 3,13-14).

Spruch....

Höre in dich hinein, dann wirst du deinen Weg erkennen und ihn zielstrebig auch gehen ... Ohne Umweg wirst du deinem Ziel entgegensteuern!
Viel Spaß dabei, ich wünsche dir eine gute Orientierung ...

Lebensmut ...

Lebet froh und nehmet das,
was der Tag euch bringt,
fröhlich dabei ein Liedlein singt ...
Freuet euch über alles, was sich ereignet
und macht alles, dass es euch gut tut,
daraus schöpft ihr neuen Lebensmut ...
Genehmige dir auch am Tage Ruhe
und Gemütlichkeit,
dann hast du wie von selbst,
plötzlich für alles Zeit!

Der Glaube macht alles möglich ...

Gott verleiht dir Flügel,
damit erklimmst du jeden
Berg und jeden Hügel ...
Schenke ihm jeden deiner Gedanken
und dein Leben wird niemals mehr wanken!

Bibelsprüche ...

der hat Lust am Gesetz des Herrn und sinnt über seinem Gesetz Tag und Nacht! (Psalm 1, 2).
Vater, ich danke dir, dass du mich erhört hast. Ich wusste wohl, dass du mich allezeit hörst. (Johannes 11, 41-42).

Sprichwort ...

Wer zu viel nach anderen schaut, verliert den Blickwinkel zu sich selbst!

>>Die größte Entscheidung deines Lebens liegt darin, dass du dein Leben ändern kannst, indem du deine Geisteshaltung änderst.<<
Albert Schweizer

Mein Herz ist heiter ...

Mein Herz ist leicht und beglückt,
bin von so vielem entzückt ...
Wenn man es richtig macht,
mit dem Kopf was bedacht,
auch für dich die Sonne lacht
beginne aber damit sacht ...
Ein Tag wie dieser,
ohne jeglichen Spießer,
so muss es sein,
dazu noch ein Gläschen Wein ...
Tu es und du wirst selber sehen,
die Sterne für dich richtig stehen ...
Der Tag hat mir Freude gemacht,
viel gesehen, viel gelernt, viel gelacht ...
Hoffentlich geht es immer so weiter,
immer heiter, immer heiter ...

Bibelsprüche um Wohlergehen ...
Dann wird es dir auf deinen Wegen gelingen und du wirst es recht ausrichten (Josua 1, 8).
Der Herr wird meine Sache hinausführen. Herr, deine Güte ist ewig. (Psalm 138,8).

Weisheit ...

Sieh das Leben nicht so ernst, sondern eher als ein Abenteuer an und du wirst automatisch zum Abenteurer werden, wirst das Leben aus einer ganz anderen Perspektive betrachten, ein Gläschen Wein kann dabei bestimmt behilflich sein ... Im Rebensaft liegt die Lebenskraft, es geht aber auch ohne!
Die Welt ist voller Sonne, Licht, Schönheit, Herrlichkeit, Glanz und Wonne, werde ein Genießer, schenk dir vom Leben reichlich ein und dann lass es gut sein ...

Sprichwort ...

Herzhaft täglich lachen heißt die Devise,
wirkt auf dein Gemüt wie eine Sonnenprise,
wer täglich dreimal lacht,
nicht nur sich, sondern auch andere Menschen glücklich damit macht!

Freundschaften ...

Gute Freunde im Leben zu haben,
ist eine Ehre,
ohne, ist es ein Weg in die Leere!
Richtige Freunde sollte man sich
jedoch genau anschauen,
bevor sie einem das ganze Leben versauen!
Leider sieht man es ihnen an den
Zähnen nicht an,
aber ohne bist du ganz arm dran!

Bibelspruch....

<<< Was du wirst vornehmen, wird er dir lassen gelingen >>> (Hiob 22, 28).

Freundschaften sind wie Fische im Meer

Freundschaften sind wie Fische im Meer,
du musst lange nach ihnen tauchen, bis du einen
findest, aber wenn du einen gefunden hast,
wirf ihn auf gar keinen Fall mehr zurück...
Hege und pflege deine Freundschaften,
denn es ist nicht selbstverständlich,
dass wir miteinander durchs Leben gehen
Es macht die Anziehungskraft, Liebe
und die Verbundenheit, die wir miteinander spüren und fühlen ...

Danke dafür

Nehmt nicht nur, gebt auch ab ...

Gebt alles, was ihr habt oder noch viel mehr,
dafür liebt euch Gott, der Allmächtige, so sehr..

Zeigt den Menschen, dass ihr sie gerne habt,
das Leben mit euch dafür mehr wagt ...

Gebt den Menschen das Gefühl,
dass ihr für sie da seid,
das erspart viel Streit ...

Seid da füreinander,
haltet zueinander!

Nehmt nicht nur, sondern gebt auch gerne was ab,
das ist das Wohlfühlgeheimnis ...

Gierig ...

Lieber Gott, befreie mich doch von dieser
ständigen und habgierigen Sucht,
die mich schleudert, mit voller Wucht ...
Unser Leben ist geprägt durch Geld, Macht
und gierigem Gehabe,
immer im Galopp, das bringt uns noch ins Grabe,
man kann sich doch an der Natur, Freundschaften, gutem Essen
oder anderen schönen Dingen laben,
muss doch nicht immer alles gleich haben ...
Ich freue mich über alles, was du uns Herr bescherst,
nie etwas entbehrst,
uns gar nichts verwehrst ...
Wer genug Zeit in dich investiert,
immer gewinnt, nie verliert,
wir müssen es nur noch verstehen,
werden wir das Leben und alles damit verbundene locker bestehen!

Bibelspruch ...

- Was du dir vornimmst, lässt er dir gelingen und das Licht wird auf deinen Wegen scheinen (Hiob 22, 28).

Achte deinen Nächsten...

Schöne und aufbauende Worte
tun jedem Menschen gut,
machen ihm Lebensmut ...
Lob und liebenswerte Worte
finden sie auch toll,
entsteht weniger Groll ...
Sag doch deinem Gegenüber, wie toll man ihn findet,
seine schlechte Meinung über dich schwindet ...
Redet doch wieder miteinander, erzählt was Gutes,
seid guten Mutes,
wir wollen doch alle, dass man
miteinander redet und miteinander lacht,
weil das einfach mehr Spaß als streiten macht!
Geht aufeinander zu,
dann gibt es auf der Erde bald mehr
Frieden und Kriege lassen uns in Ruh!
Geht gemeinsam und fügt euch nicht zu
die gemeinen Schläge und Schmerzen,
bleibt in Liebe und Geist verbunden,
das hinterlässt keine Narben und Wunden
und keine Sehnsüchtigen Herzen!

Bibelspruch ...

<< Richtet nicht, damit ihr nicht gerichtet werdet. Denn mit dem Urteil, mit dem ihr richtet, werdet ihr gerichtet werden und mit dem Maß, mit dem ihr messt, werdet ihr gemessen werden (Matthäus 7, 1-2). <<

Euren Körper zu erkunden

Euren Körper zu erkunden,
Seele, Fleisch und Geist sind
miteinander verbunden,
alles in Einklang gebracht
hat alles wieder Spaß gemacht !!

Mit sich selbst im Reinen zu sein, das ist das Geheimnis...

Ein heikles Thema in dieser stressigen und hektischen Zeit, wenn ihr es nur glauben könntet, dann seid ihr von euerem Glück nicht mehr weit, klingt mit diesen drei Elementen schnellstens ein und ihr fühlt euch von allen Lasten befreit ...

Interne Motivation

Kennen Sie die Geschichte von dem kleinen Kälbchen, das nicht in den Stall wollte? Zwei starke Männer mühten sich, schoben und zerrten mit aller Kraft – vergeblich. Das Kälbchen blieb stur stehen. Bis ein kleines Mädchen kam. Es gab dem Kälbchen seinen Finger, ließ es daran nuckeln und ging dann langsam in den Stall. Das Tier folgte dem Nuckelfinger, ganz freiwillig. Einen Wunsch wecken. Ganz ähnlich funktioniert auch bei uns das,
was interne Motivation heißt. Sie ist die wirksamste Motivation – sie kommt von innen. Aber sie kommt nicht aus dem Kopf, sondern aus dem Herzen. Das wirkt.
>>Wenn du ein Schiff bauen willst, dann rufe nicht die Menschen zusammen, um Holz zu sammeln, Aufgaben zu verteilen und die Arbeit einzuteilen, sondern lehre sie die Sehnsucht nach dem großen, weiten Meer.<<
Es war der französische Schriftsteller Antoine de Saint-Exupery (>>Der kleine Prinz<<), der diese schöne Metapher fand – für Begeisterung.

>>Die meiste Energie gewinnt der Mensch nicht aus der Nahrung,sondern aus Begeisterung. Sie ist die wichtigste Energiequelle im menschlichen Leben. Begeisterung kann zu schier unmenschlichen Leistungen stimulieren.<<
Dr. Peter Konopka

Die schwäbische Alb als Heimat ...

Ich liebe die schwäbische Alb,
sie ist für mich, die beste Medizin, eine heilsame Salb ...

Geht mir alles auf die Nerven,
mache ich auf der Alb einen Spaziergang
um mein Gemüt zu entschärfen ...

Hab ich die Schnauze gestrichen voll,
fahr ich einfach auf die schwäbische Alb,
denn hier oben ist es landschaftlich toll ...
Wer seine Heimat und die schwäbische Alb so liebt,
hier seine Gedanken siebt,
seine Kindheit dort verbracht,
die große Liebe ist hier entfacht.
Hier ist man bekannt,
mit jedem im Ort verwandt ...
Hier oben ist es klar und rein,
da ist es in jeder Hinsicht gut sein ...
Dort möchte ich meine letzte Ruhe finden
da wird mir vergeben, meiner Sünden,
kennt man noch kein Verderben,
ja, in der Heimat möchte ich auch sterben!

Bibelspruch ... (Gebet)

Ich fürchte kein Unglück; denn du bist bei mir ... (Psalm 23,4).

Ruhe und Gelassenheit findest du in dir selbst, wenn du sie erst einmal angezapft hast, weißt du, wovon ich rede! << Es ist ein wundervolles Gefühl, in sich selber zu ruhen >>

Tage voller Ruhe und Glückseligkeit

Tage voller Ruhe und Glückseligkeit,
so sollte es sein, für alle Ewigkeit,
Ruhe ist eine goldene Macht,
danach wieder Feuer in dir entfacht,
so sollte es immer sein,
das gefällt mir gut, so kann es bleiben, so ist es fein ...
Ruhe gibt dir Kraft und klare Sinne,
gehe es an und gewinne!

Verzeihen, nicht immer nur schimpfen ...

Wieder entlang
an einem neuen Wochenanfang,
vieles musstest du alleine tun,
selbst schuld, du dummes Huhn ...
Lass dir nicht so viel gefallen,
musst halt öfter mal die Fäuste ballen,
hin und wieder auf den Tisch schlagen,
kannst doch nicht immer nur alles ertragen ...
Oder einmal richtig kräftig schreien,
von deinen Sorgen und Frust dich befreien ...
Versuch es morgen bei deinen Kollegen,
entweder du hast Glück, oder du wirst wieder belogen ...
Das beste ist für alle, eine freundschaftliche Basis zu schaffen,
somit werden eure Gemüter nicht erschlaffen ...
Versuch es mit einem klaren und ausgeglichen Verstand,
so kommt kein Chef und kein Kollege außer Rand und Band ...
Ein Sprichwort besagt, in der Ruhe liegt die Kraft,
das Blut läuft durch unsere Adern, speist uns mit Lebenssaft!
In Frieden und Ruhe sich und es bewahren,
so bleibt in der Zukunft, alles im Klaren ...

Weisheit..

Wenn du dich selbst und deine Mitmenschen von ganzem Herzen liebst, wird diese Liebe tausend mal mehr zu dir zurück finden und du wirst dich unbeschreiblich gut und großartig fühlen ... << Versuch es doch mal >>

Bibelspruch ...

Kommt her, wir wollen sehen, wer von uns Recht hat, spricht der Herr : >Wenn eure Sünden blutrot sind, sollen sie doch weiß werden wie Schnee, und wenn sie rot sind wie Scharlach, sollen sie doch weiß werden wie Wolle < (Jesaja 1, 18).

Die Rose ...

Eine Rose steht ganz allein am Rande vom Wald,
das Wetter ist böse zu ihr und kalt.
Es ist ein Einzelstück und jeder will sie haben,
alle wollen sich an ihr laben...
Doch Einzelexemplare liebe Leut
sind nicht so einfach zu kriegen,
du musst sie mit dem Herzen lieben
dann wirst du nicht nur über die Rose,
nein, auch über andere Dinge siegen
und dabei hab ich auch nicht übertrieben...

Die Liebe steht über allem anderen, nur mit der Liebe ist dir alles möglich....

Nichts in deinem Leben geschieht zufällig ...

Es tauchen nicht ohne Grund in deinem Leben Menschen und Ereignisse auf, mit denen du im ersten Moment vielleicht gar nichts anzufangen weißt. Aber selbst wie deine Beziehungen entstanden sind und sich weiterentwickeln, hat nichts mit Zufall, Glück oder letztlich mit Pech zu tun ... Es existieren Kräfte, die in unserem Leben alles bewirken können, wenn wir es zulassen ... << Ohne Ausnahme, auch als Ursache dafür, ob jemand glücklich, unglücklich, oder ob jemand viel Geld hat >> ... Unsere Beziehungen sind auch ganz bewusst von uns selbst gewählt worden und diese Kraft verbindet uns magnetisch alle miteinander ... Wenn du diese Kraft jedoch ganz bewusst gestaltest und zu verstehen lernst, wirst du plötzlich alle Ereignisse und die Menschen, nach denen du dich so sehr sehnst, in dein Leben ziehen ...

Von Dr. Joseph Murphy.. (Ein Zitat)

Stärke und Kraft, Erfolg und Wohlergehen erwachsen aus einer heiteren Gelassenheit, aus dem inneren Frieden der Gemütsruhe,aus harmonischer seelisch, geistiger Ausgeglichenheit.
**Diese Ausgeglichenheit erlangen Sie nur, wenn Sie Ihr Denken und Glauben richtig steuern und kontrollieren..*
>>In der Bibel heißt es: Des Menschen Herz erdenkt sich seinen Weg (Sprüche 16,9).<<

Sehnsucht ...

*Es fällt der erste Schnee,
das Herzerl tut so weh,
manches Problemchen mich bedrückt,
aber auch des Tages oft beglückt,
viele Dinge musste ich mir eingestehen
mit anderen Augen hab es jetzt gesehen ...
Oft sitze ich lange Zeit und grüble,
in meinem warmen Stüble,
über Ziele, die ich mir gesteckt und bisher noch nicht erreicht
werde es noch schaffen, sodass noch mancher erbleicht ...
Neue Ziele, in einem neuen Jahr,
ihr werdet schon sehen, wie wahr, wie wahr!
Alles steckt sich immer neue Ziele,
es sind schon ganz schön viele.
Setzen sich damit selbst oft unter Druck,
das geht eben alles nicht immer Ruck-Zuck ...
Ziele stecken, planen, daran arbeiten und Geduld,
wer anders denkt ist selbst daran Schuld.
Ein gesundes Gottvertrauen sei natürlich auch noch mit bemessen,
das darf man auf gar keinen Fall dazu vergessen ...
Nur so werden deine Träume auch wirklich echt,
hab ich mit dieser These nicht irgendwie doch Recht?*

Sei dankbar, für das was du bisher schon bekommen hast und sei dankbar, schon im Voraus, was du noch alles bekommen wirst ... Dann achte darauf, wie es in dein Leben kommt. >> wenn du genug Geduld hast und daran festhältst, wirst du erstaunt sein <<
Sonnenschein und Liebe durch den Herrn,
geordnet auf unserem schönen Stern,
gibt uns täglich was wir brauchen,
vielleicht können wir doch noch ein Wort des DANKES
über unsere Lippen hauchen!

DANKE FÜR ALLES

Liebe, Freude, Gesundheit, Glück und Zufriedenheit...

Das, was du dir erträumst, solltest du auch jedem anderen Menschen wünschen, vorausgesetzt, du träumst von Gesundheit, Glück, Freude, Wohlstand, Schönheit, Reichtum und Zufriedenheit ... Denn was du deinem Nächsten / Mitmenschen schuldest, ist Liebe, und Liebe besteht darin, einem anderen dasselbe zu wünschen, was du dir selbst auch wünschst ...

Gefühle spüren,
einander verführen,
Küssen und Liebe gemacht,
die Seele, Körper und Geist in Einklang gebracht ...
Mehr als nur langweilige
und übertriebene Worte gesagt,
vieles genauer hinterfragt,
alles und noch mehr in der Beziehung gewagt!
Dem Mensch steh ich gegenüber
und schaue in sein Gesicht,
man denkt, es sei unsere Pflicht,
dass wir ihm in die Augen schauen,
vielleicht sogar seine Gedanken klauen,
ängstlich will er gehen
manchmal kann man es kaum verstehen..
Hat man aber erst einmal ein Gespräch angefangen,
wird alles unbefangen und braucht sich voreinander nicht mehr bangen ...
So schön könnte es sein, wenn wir miteinander träumen,
keiner würde dann noch was versäumen ...
Denn miteinander sind wir stark und entwickeln richtig Macht,
leider wird darüber immer noch viel zu oft gelacht!

Gebt euch untereinander Kraft und unterstützt euch gegenseitig, so kommt ihr in jeder Hinsicht gut durch das Leben ... Im Alleingang und als Einzelkämpfer hat es bisher bei den wenigsten geklappt. << Am Schluss haben sie doch aufgegeben und haben es gemeinsam probiert >> und es auch geschafft <<

Alleine sein, das ist nicht gut ...

Wenn ein Mensch zu lang oder zu viel alleine ist,
er vielleicht sogar seinen Namen vergisst,
allein sein ist grausam und von
Gott auch nicht so gedacht,
deshalb hat er auch Adam und Eva
füreinander gemacht ...
Mein Tipp, bleibt auf Erden nicht allein,
dann ist es hier, gut sein!

Liebet eure Kinder ...

Gebt den Kindern Liebe,
niemals aber Gewalt oder seelische Hiebe,
gebt ihnen alles, was ihr habt
und noch vieles mehr,
liebt sie aus vollem Herzen,
sie brauchen es so sehr ...
Gebt ihnen Geborgenheit
und lasst sie niemals allein,
denn das wäre grausam und gemein!

Liebet und achtet eure Kinder wie euch selbst ... Sagt ihnen mehrmals am Tag, wie lieb ihr sie habt, seid mit lobenden Worten auch nicht geizig ... >> Denn auch hier gilt das Gesetz, das, was ihr ihnen gebt, wird zu euch irgendwann wieder zurück finden, das ist gültig für alles Gute sowie für alles Schlechte, das ihr euren Kindern gebt <<
- Und das bleibt ein Leben lang so bestehen - »Seid und bleibt ihnen ein Vorbild«

Seid gut zueinander ...

Beraube, betrüge, oder täusche niemals einen anderen, es wird negative Gedanken auf dich selbst erzeugen. Gefühle, Gedanken und Beweggründe werden vom Unterbewusstsein bis auf das kleinste Detail festgehalten. Sie wirken sich negativ als Motive aus und kommen unweigerlich zu dir zurück. >> Nach dem Motto: »Was du deinem Nächsten wünscht oder tust, wünscht du dir letztlich selbst, oder tust du dir auch selbst damit an.« <<

Seid gut zueinander,
seid da füreinander
besonders dann, wenn man euch braucht,
auch dann, wenn es dich noch so schlaucht!

Seid zu euch selbst und zu anderen Menschen gut, auch wenn sie euch nicht mögen sollten.. << Das ist am Ende die Kunst, zu lieben >>

Einstellung ...

Lass dich niemals manipulieren! Die Entscheidungen, die du in deinem Leben triffst, sind wichtig für deine Vorhaben in der Zukunft. Lass auch nicht zu, dass dich jemand als Fußabstreifer benutzt, denk daran, auch Nachgiebigkeiten lohnen sich nicht und werden dich deshalb auch nicht weiterbringen! >> Halte deshalb immer an deinen eigenen Idealen fest. Verfolge aufmerksam deine Ziele, halte dich an deinen eingeplanten Wegen fest. Denn nur wenn du positiv nach vorne schaust, wird dir deine Einstellung und Weltanschauung Veränderung bringen und zu Glück und Freude verhelfen. Denn was für dich ein Segen auf Gottes Erden ist, wird für andere Menschen auch zum Segen werden! <<

Danket ...

Danket für alles, was ihr in eurem Leben bekommt,
sonst euch vielleicht was entkommt,
danket eurem Schöpfer für alles,
für das, was er euch über den Tag hat beschert,
bittet und es wird euch nichts verwehrt !!

Wenn du in einem festen Glauben lebst, ziehst du eine unglaublich große Macht in dein Leben, du kannst bitten um was du willst, du wirst es erhalten, außer es könnte anderen Schaden zufügen, du sitzt wie auf einer Rakete, die dich in die Sterne schießt, << Unglaublich, was ? >> Aber so ist das eben, probiere es doch heute gleich noch aus. Bitte um etwas und dann warte darauf, bis es bei dir eintrifft.
- - Dir geschieht nach deinem Glauben - -

Bibelsprüche ...

Gott, der uns dargibt reichlich, allerlei zu genießen (1. Timotheus 6, 17).
Ich bin gekommen, dass sie das Leben und volle Genüge haben sollen (Johannes 10, 11).
Der Herr wird dir seinen guten Schatz auftun, den Himmel, dass er deinem Land Regen gebe zu seiner Zeit und dass segne alle Werke deiner Hände. (5. Mose 28, 12).

Gefühle und Glück ...

Gefühle und wahres Glück, wer kann das
schon treffend umschreiben,
in diesem unglaublichen
und verrückten Leben treiben,
kaum zu glauben, was durch Verbrechen,
Gemeinheiten und vieles mehr untereinander sich Böses tut,
es macht kaum noch Mut,
glaubt fest und beharrlich an Gott,
das tut eurer Seele gut!

Deine Gedanken, Vorstellungen und geistige Motivkreise formen dein Leben ...

Du hast die Fähigkeit zu wählen, wähle Gesundheit, Glück, Erfolg, Freude, Frieden und richtiges Handeln ...

Das Gesetz, das dich als Sklaven gefangen hält, kann dich ebenso wieder in die Freiheit entlassen. Wenn du dir Bilder des Friedens, der Freude, der Freiheit, des Erfolges, des Glückes, der Schönheit, deiner Gesundheit, deiner Figur usw. ganz bewusste einprägst.

Und schon wieder ...

Und schon wieder ist ein Jahr vorbei,
vieles war einem einerlei,
Ärger und Aufregungen
haben einen älter gemacht,
kaum noch über lustige Dinge gelacht ...
Die Sorgen ziehen einem dicke
Furchen in das Gesicht,
davon war noch nichts zu sehen
als kleiner Wicht,
heute zählt nur noch das Älterwerden
und das lästige Übergewicht ...

Eigentlich gibt es kein Gut oder Böse, unser Denken macht es dazu. Die Probleme, die wir haben, bergen nichts Schlechtes. Es gibt uns nur die Gelegenheit, >> Fähigkeiten << zu entwickeln, um Hindernisse zu überwinden.
- - - - Als Beispiel das lästige Übergewicht - - - -

Einflüsse ...

Massen höre ich sagen, ich erreiche meine Ziele,
legten mir schon meine Eltern mit in die Wiege,
wenige höre ich allerdings sagen
ich will meine Ziele tatsächlich auch wagen,
nur ein klägliches Gelaber
und ein schauspielerisches Palaver ...
Warum gibt es nicht mehr Menschen,
die auch das machen, was sie tatsächlich auch wollen
und lassen sich nicht immerzu von negativen
Einflüssen überrollen ...

Menschen haben den Mut zu sich selbst verloren und trauen sich daher nur noch das Notwendigste zu, wenn du aber mehr erreichen willst, und das gilt für alles in deinem Leben, dann musst du dir und der unsichtbaren Kraft und Macht vertrauen, die dich nämlich genau dorthin bringt, wovon du träumst. Und wenn du daran auch noch fest glaubst und Geduld aufbringst, dann hast du es schon geschafft, den Rest übernimmt das Unsichtbare für dich ...

Kinder sind die Reichtümer in unserem Leben ...

Überall sehen wir die Reichtümer Gottes. >> Großzügig und verschwenderisch ist die Natur. Gott will auch die Menschen erfolgreich und wohlhabend in dieser Welt haben <<. Du bist ein Ebenbild Gottes, also kannst du ihm auch vertrauen. Egal, was er mit dir vorhat, es wird dir gelingen!

Gestehe deinen Mitmenschen und Kindern Rechte ein, behalte dir aber selbst ein Recht auf eine freie und eigene Meinung vor. Reagiere auf dein eigenes Gefühlsleben als ein reifer und bedachter Mensch. >> Bewahre und erfülle deinen Standpunkt. Selbst bei einer heftigen Auseinandersetzung, bleibe du selbst, werde nicht unverschämt oder gar ausfällig <<.
Es lohnt sich nicht!

Kinder ...

An den Kindern sieht man, wie die Zeit vergeht,
deshalb kaum sich selbst versteht,
die Kinder werden groß,
wachsen einem über den Kopf ...
Erst gar keine Haare,
dann lange zusammengebunden
zu einem Zopf ...
Die Jahre, sie vergehen sehr, sehr schnell,
die Tage verfliegen, kaum ist es dunkel,
schon ist es wieder hell,
die Haare von Jahr zu Jahr,
sie verfärben sich grau,
man wird alt, die Zeit, sie wird lau ...
So ist das eben mit dem Lauf der Zeit,
nach hinten raus ist der Abstand nicht mehr weit ...

Stell dir dein Unterbewusstsein wie einen großen Speicher vor, er zeichnet immer und unermüdlich all deine Gedanken in jeder Sekunde auf und hält sie ein Leben lang fest. >> Also ist es ratsam, positiv über dich selbst und deinen Nächsten zu denken. Denn nur so wirst du deine Ruhe finden, keiner wird dich mehr angreifen oder bedrängen. << Lass andere Menschen einfach in Ruhe und sie werden dich in Ruhe lassen. – Nach dem Resonanzgesetz.

Wenn du im Geiste mit einem anderen Menschen verbunden bist und mit ihm Gespräche führst, dann denke immer daran, dass dies entsprechende Reaktionen auslösen kann.

Am Ende wirst du dir deine eigene Welt erschaffen. Du alleine hast es zu verantworten und triffst die Entscheidung, was du über deinen Nächsten / Mitmenschen oder deine Kinder denkst. Deine eigene Denkweise kannst du keinem anderen zuschreiben oder ihm das Resultat dafür in die Schuhe schieben. Deine Gefühle und Gedanken werden immer auf dich selbst zurückfallen.

LEBEN ...

Leben heißt Rhythmus halten,
mit dem Kopf schnell schalten,
Geld verwalten
sich kreativer gestalten ...
Leben heißt sich lieben und achten,
auch wenn andere über solche Worte
schon oft lachten ...

Dein Inneres enthält eine unerschöpfliche Kraft. Blicke nach innen und du findest die Erfüllung deiner Wünsche!

Jeder Gedanke verursacht etwas – ist Ursache. Und jeder Zustand ist durch irgendetwas bewirkt worden – ist also Wirkung ...

Lasst nicht zu, dass andere über euch lachen und lästern, geht einfach euren Weg, macht es denen nicht gleich, lästert und lacht nicht zurück und die Sache ist erledigt, hakt es einfach ab, und das ist alles, was ihr zu tun habt ...

Kraft zum Leben ...

Lieber Gott, gib mir Kraft zum Leben
lass mich täglich nach dir STREBEN
sei bei mir, wenn ich dich brauche,
kein anderer Mensch mehr nach mir stauche ...
Du allerliebst sei allen Menschen gnädig,
mache sie alle außergewöhnlich fähig ...

Wenn du z.B. sagst, »das kann ich nicht«, oder »das kann ich mir nicht leisten«, wird dich dein Unterbewusstsein beim Wort nehmen und es an den notwendigen Mitteln und Fähigkeiten fehlen lassen ... Somit ist dein Ziel oder Wunsch auch in Frage gestellt und du weißt vielleicht gar nicht mal, warum. Aus diesem Grund gibt es dieses Buch, das dir jetzt sagt, was zu tun ist. Tritt voller Selbstvertrauen an dein Unterbewusstsein heran, es wird dir alle Möglichkeiten in unbegrenzter Form eröffnen.

Du kannst alles wenn du nur willst,
allerdings musst du es auch zulassen ...

Alkohol...

Er sagt, ich trinke auf dein Wohl,
trink nicht zu viel Alkohol ...

Jeder weiß, wie gefährlich er ist
Ruck-Zuck abhängig du bist ...

Deshalb geh recht sparsam mit ihm um,
sonst ist man im Kopf schnell dumm ...
Alkohol schadet auf Dauer und ist sehr ungesund,
nimm lieber Antialkoholisches in den Mund.

Es ist für dich gesünder und schadet nicht
und bleibt gesund, auf lange Sicht ...

Alles wird und ist gut, sofern du das Richtige für dein Leben entscheidest
und nicht andere für dich entscheiden lässt ...

Jede Frage enthält eine Antwort und jedes Problem trägt seine Lösung in sich.

Du kannst zwischen schlechten oder guten Gewohnheiten wählen und dich dafür entscheiden. Nimm dir diese Freiheit, du hast die Wahl, niemand sonst!

Deine negativen Gedanken und Vorstellungen sind das einzige Hindernis zu Leistung und ERFOLG ...

Wenn die Menschen von den sogenannten „Pechsträhnen" reden, meinen sie eigentlich nur die negativen Auswirkungen ihrer Ängste. >> Wenn du dir im Geiste ein Bild zu deinem Ziel vorstellst und in fester Zuversicht danach handelst, werden deine Unternehmungen zum Erfolg führen <<.

Ich überlege ...

Ich überlege schon seit Stunden,
kann ich Körper, Seele und Geist erkunden,
bin ich wirklich mit allem verbunden,
dein Glaube heilt bekanntlich alle Wunden ...
Plötzlich ist meine Angst
vorm Leben verschwunden ...

Handlungen und Worte von anderen Menschen können dich nur dann treffen oder verletzen, wenn du es zulässt ... Solange du deinem Denken und Fühlen keine Macht dazu gibst, wird dies auch niemand schaffen. Dein Lebensziel verliere nie aus den Augen! Achte umso mehr auf Harmonie, Geduld, Friede, Liebe, Weisheit, Klugheit, Gesundheit usw., denn sie werden letztlich deine Welt schaffen!

„Zuerst ignorieren sie Dich, dann lachen sie über Dich,
dann bekämpfen sie Dich und dann gewinnst Du."
Mahatma Gandhi

„Du und ich: Wir sind eins.
Ich kann Dir nicht wehtun, ohne mich zu verletzen."
Mahatma Gandhi

Die Nacht ...

Schau nur hin, die Nacht ist sternenklar,
wünsche dir schnell etwas und du wirst vielleicht zum Star ...
Träume immer von deinen Wünschen und Zielen,
stelle dir lebhaft vor, wie sie vom Himmel fielen ...

Der liebe Gott weiß von deinen Träumen ganz genau,
deshalb ist er ja auch so schlau ...

Liebe und achte deinen Nächsten,
immer und zu jeder Zeit,
dann ist dir deine Liebe gewiss
und nicht mehr weit,
wenn du jetzt noch alleine bist, sei sicher,
dann gehst du ab sofort den Weg zu Zweit!

Die Bibel schreibt von der Macht des Unterbewusstseins...

Die Wege unseres Unterbewusstseins sind unerklärlich und die Bibel sagt im Bezug auf unser Unterbewusstsein, der Herr wolle mit uns reden in einem Traum (4. Mose 12,6).
Bei allem, um was ihr bittet in eurem Gebet, glaubt, dass ihr es schon erhalten habt, dann wird es euch zuteil.. (Markus 11,24).

Die allmächtige Kraft ist in dir und immer um dich herum, in jedem Augenblick, wenn es dir schwer fällt, es zu glauben, versuch doch einfach mal nicht zu atmen, dein höheres ICH, versorgt dich in jeder Sekunde deines Lebens mit allen
Lebensnotwendigkeiten, die du für deine Existenz brauchst...

Schaue in den nächsten Spiegel, den du finden kannst, halte ihn vor dein Gesicht;
nun, was siehst du > genau, du siehst das Leben, du existierst also doch und wirklich, jetzt schließe deine Augen einen Moment und denke nach<.

Halte deshalb in Zukunft nach allen schönen Dingen Ausschau, und es wird ein Teil von dir werden...

Liebe, ein klägliches Wort ...

Liebe ist nur ein klägliches Wort
es wandert von Lippe zu Lippe,
von Ort zu Ort ...

Dieses Wort Liebe in Zukunft noch
mehr zum Ausdruck bringen,
wird mir nur mit dem Schreiben nicht gelingen ...

Helft alle mit, damit die Liebe und Ehe wieder an Macht gewinnen, denn das sind die größten und mächtigsten Kräfte hier auf Erden ... Gott hat uns den Partner für eine Familiengründung geschenkt, nicht um ihn wieder aus unserem Leben zu verbannen << Nein, um eins zu werden um ihn / sie zu lieben, wie wir es einmal versprochen und gelobt haben<<.

Habt Mut in allem, was ihr tut,
alles, was ihr an Gutem ausbrütet, wird hoch vergütet ...

Welche Eigenschaften für gute Beziehungen schlecht sind..

- *Arroganz*
- *Argwohn*
- *Selbstgefälligkeit*
- *Selbstsucht*
- *Egozentrik (>>Ich weiß sowieso alles besser<<)*
- *Habgier*
- *Mangelnde Höflichkeit*
- *Schlechtes Benehmen*
- *Negative Lebenseinstellung*
- *Vorurteile*
- *Ungeduld*
- *Unberechenbarkeit*
- *Unbeherrschtheit*

Viel gearbeitet ...

Viel gearbeitet und viel gelernt,
sich ein Stück von der Zeit entfernt ...

Schnell ging der Arbeitstag zur Neige,
ich war zielstrebig und gar nicht feige,
das eine oder andere war vielleicht
nicht ganz richtig,
aber im Moment ist das,
auch nicht mehr so wichtig ...

Wichtig ist jedoch, dass aus dem Tag,
das Beste rausgeholt,
wenn auch nicht immer so gewollt ...

Ich freue mich schon riesig auf morgen,
da kannst du deine Sorgen,
dir von anders woher borgen ...
Wer sich selber Sorgen macht,
sollte sie schnell verwerfen,
sich selber aus dem Schlamassel helfen.
Glauben heißt das Wunderwort,
führt dich schnell an einen sicheren Ort ...
Sorgt für Reichtum und gibt dir Macht
und das alles nur, weil Gott
über deine Gedanken wacht ...

Lasse dich nicht aus der Reserve locken, sonst bist du vielleicht schon in einer falschen Richtung unterwegs und du hast es noch gar nicht gemerkt. << Aber zum Umkehren ist es bekanntlich nie zu spät >>. Geh deinen Weg, hab keine Angst vor grenzenloser Macht, wir sind hier auf Erden als ein Kind Gottes und wir haben das Recht, nur das Beste für uns zu verlangen. Befreie dich von deinen Ängsten und die Gegenwart befreit automatisch auch die anderen, die versuchen uns unsere Träume und Visionen auszureden.
Du alleine leuchtest als Stern für Gottes Herrlichkeit, also mach etwas daraus, er wird dich ganz bestimmt nicht alleine lassen, egal, was du vorhast, << er wird bei dir sein >>.

Seelische Schmerzen ...

Seelisch innerliche Schmerzen,
mit dem ist nun wirklich nicht zu scherzen,
du kannst nicht immerzu gute Dinge tun,
man muss sich auch mal ein wenig ausruh'n..
Du kannst es sowieso nicht jedem recht machen,
bei so unglaublich vielen Sachen.
Gib lieber dafür mehr auf dich selbst acht,
dass wieder Licht und Lebensfeuer in dir entfacht.
lass doch die Leute reden und streben,
du willst doch wirklich etwas Sinnvolleres erleben ...

Die Natur ...

Ich liebe die Natur wie mich selbst,
am schönsten ist sie im Herbst,
schön sind die Blätterfarben und es riecht so gut,
am Boden sieht es aus wie eine bunte Feuerglut ...
Der Frühling ist schön, wenn die Blumen blüh'n,
da ist der Rasen auch immer grün.
Im Sommer, da duftet das Heu,
da verliere ich meine Scheu,
auf dass ich gar nichts mehr bereu ...
Der Winter sieht verschneit aus, wie ein Traum,
da decke ich mich am liebsten zu,
mit meinem Deckensaum
bleibe dann auch am liebsten in einem
warmen und beheizten Raum ...

Wenn es dir nicht gutgeht, oder du dich nicht besonders wohl fühlst. Da kann dir die Natur egal zu welcher Jahreszeit vieles geben, das, was du vielleicht für verloren gegangen geglaubt hast. Suche es in der Natur, verweile nicht zu Hause, mach dir bewusst, wie genial und gigantisch das Göttliche ist, gehe vor die Türe und du siehst es selbst ...
Und genau so ist es mit deinem Leben, immer Abwechslung so wie bei den vier Jahreszeiten, genau das alles ist für dich gemacht, dass du dich daran erfreuen kannst. Genieße also die großartige Macht des Lebens und der Natur und dir geht es gleich wieder viel besser ...

Gute Luft ...

Riecht ihr die gute Luft,
diesen besonderen Duft.
Den Duft, der das Herz erfreut,
in deine Seele Liebe streut ...
Den Duft, der die Liebe quält,
den Partner für das Leben wählt ...
Den Duft, den ich nie vergess,
er ist rein und ohne jeglichen Stress ...
So muss das Leben sein,
voller Glanz und Sonnenschein ...

Nimm das, was dir Gott hinhält, und das ist nicht wenig, was er für dein Leben bestimmt hat, er will, dass du immer reichlich von allem, was dein Herz begehrt, hast, und mehr, ja >> er will, dass alles im Überfluss zu dir kommt, also nimm es dankbar an <<.

Der April ...

*Der April ist ein schöner und Abwechslungsreicher Monat,
auch wenn er dafür seinen eigenen Lohn hat,
er bringt uns an manchen Tagen,
alle nur denkbaren Wetterlagen ...
Die Menschen sehen ihn jedoch
in seiner beeindruckenden
Vielseitigkeit als Plagen.
Doch danach wird ein April
in seinen vielen Facetten
sicherlich nicht fragen
er fühlt sich so, wie er ist, vollkommen,
richtig und gut platziert,
Gott hat ihn im Kalender gut einquartiert.
So kann er doch, wie er will, an der Wetterkurbel
wenden und drehen,
ihr könnt es ja jedes Jahr,
aufs Neue beobachten und mit eigenen Augen sehen.*

Mache es wie der April, der macht, was er will, lass dir in deinem Leben, nicht immer alles vorschreiben, was zu tun bzw. zu lassen hast. Konzentriere dich auf deine Vorstellungen, die du für dich im Unterbewussten getroffen hast, und dann gehe es an ... Vertraue dir selbst, wenn du erst einmal deine Pläne in Taten umgesetzt hast, kann das niemand mehr aufhalten, aber den ersten Schritt den musst du selbst tun. << Gehe deinen eigenen Weg und lasse dich von niemanden mehr umstimmen oder aufhalten, du hast das Recht dazu >> !!

Weisheit ...

*Man sollte hin und wieder über sein Leben nachdenken,
seine Zeit nicht sinnlos verschenken,
sein Leben in Gottes Wege und Hände lenken,
dann wird sich alles wie von selbst einrenken!*
Vertraue Gott, er wird dich sicher lenken....

Menschen in der Stadt...

Menschen in der Stadt sind eine Qual,
deshalb wohne ich in einem Dorf,
im schönen idyllischen Lenninger Tal ...
Da ist es schön, dort bin ich daheim,
will nirgends mehr woanders hin,
dort habe ich mein Eigenheim ...
es ist gut zu wissen, wo man hingehört,
überall, wo man hinkommt,
egal, ob beim Einkauf oder im Verein
man dir aufmerksam zuhört ...
Deine Heimat muss in deinem Herzen wohnen,
das kannst du überall und auf der
ganzen Welt voller Stolz betonen,
zu Hause kannst du deine Seele schonen,
Gott wird dich dafür belohnen ...

Dein Leben ist sehr wertvoll, denke immer daran, dein Leben ist aber auch ein Echo. Wovon du viel gibst, kommt mehr zurück ... << Denke nach und werde wach, das gilt für alles Materielle und ebenso für alles Geistliche, also alles, was du gibst und austeilst im Guten wie im Bösen, es kommt irgendwann zu dir zurück <<.
Was du laut aussprichst und mit deinen Gedanken verbindest, wird den Weg zu dir finden ... Das Universum versteht immer nur, dein Wunsch soll mir Befehl sein ... Sei es in guten oder in schlechten Absichten, denke immer daran, es kommt zu dir zurück.

Wer ein Liedlein singt ...

Wer ein Liedlein singt,
selbst sich Freude bringt ...
Der sich selbst und
seinen Nächsten achtet,
niemanden verachtet ...
Sich und andere nicht beleidigt,
Menschen aller Nationen
und deren Hautfarben verteidigt,
seine Frau / seinen Mann nicht betrüget
keinen um sich herum belüget,
dem wird sein eigenes Leben
hoch vergütet!
So wie du behandelt werden willst, so behandle auch deine Mitmenschen ...

Mein Herz hat Sehnsucht ...

Mein Herz hat Sehnsucht,
der Alltag schlägt es in die Flucht
herbe Zeiten kommen auf uns zu,
lasst mich doch damit in Ruh ...
Keiner will es sehen oder hören
niemand lässt sich dadurch stören ...
Warum denkt denn keiner mehr darüber nach,
das Leben liegt doch in so manchen Familien brach,
wer soll das bitte noch richtig drehen,
wenn die Winde aus völlig falschen Richtungen wehen ...
Familien müssen wieder mehr
miteinander reden und zusammen halten,
gemeinsam wieder beraten, schalten
und miteinander ihre Pflichten und Rechte verwalten ...
Liebe, Sehnsüchte und Ziele miteinander teilen,
mit viel Zeit untereinander verweilen ...
Gebt euch das, wofür euch andere beneiden,
lasst euch nicht einfach bloß so scheiden,
los, rein in den Kampf,
lasst ab den Dampf ...
Macht es vor, seid Vorbild,
eine Ehe ist nicht immer nur sanft
eine Ehe ist auch wild ...
Lauft nicht immer nur zu davon,
stellt euch diesem Abenteuer,
dann entsteht es auch wieder,
das ersehnte Liebesfeuer ...

Bibelspruch ...

Was nun Gott zusammengefügt hat, das soll der Mensch nicht scheiden (Matthäus 19,6).

Meinung ...

Es wird nie ein Patent-Rezept geben: Für eine gute Ehe ist jedoch notwendig, dass sich beide achten, sich vertrauen, sich Freiheiten einräumen, um ihren Freizeitaktivitäten nachzugehen, und über alles miteinander reden ...
Zusammen halten, wenn das Boot höhere Wellen in Angriff nehmen muss, ihr gemeinsam steuert dieses Boot und ihr könnt es auch wieder sicher und wohlbehalten in den sicheren Hafen zurück bringen, ihr müsst es nur gemeinsam auch wollen und dann in die Tat umsetzen ...
<< Die Menschen um euch herum werden euch dafür dankbar sein >>
Bleibt zusammen und haltet zusammen, es lohnt sich!

Bibelspruch ...

Und wenn ihr steht und betet, so vergebt, wenn ihr etwas gegen jemanden habt ... (Markus 11, 25).

Die perfekte Frau..

Ein Schüler fragte den Alten des Dorfes, warum er nie geheiratet habe.
„Ach," antwortete der Alte „ich hatte mir vorgenommen, nur dann zu heiraten,wenn ich die perfekte Frau gefunden habe. So suchte ich lange Jahre und begegnete viele Frauen, die nett, schön und intelligent waren. Aber keine davon perfekt."
Nach einer kleinen Pause fuhr er fort: „Eines Tages sah ich sie. Ich wusste sofort, dass sie in jeder Hinsicht perfekt war. Und als ich sie dann kennen lernte,stellte sich heraus, dass sie tatsächlich in jeder Hinsicht ein makelloses Juwel war." „Und, warum hast du sie dann nicht geheiratet?" fragte der Schüler.
Der Alte seufzte tief: „Das Problem war, dass sie den perfekten Mann suchte."
Lena Lieblich

Wer sitzt da in der U-Bahn ...

Wer sitzt da in der U-Bahn,
im Gesicht, der blanke Wahn
da liegt doch was in der Luft,
ein ganz besonderer Schuft ...
Dieser Mensch, meint es sicherlich
mit keinem gut,
in seinen Augen,
blitzt Teufelsglut,
dieser Mensch ist offensichtlich feige
und besitzt keinen Mut.
Dieser Mensch hält eine Bombe in der Hand,
er schreit, bleibt ruhig, sonst werfe ich sie an die Wand,
dieser Mann ist außer Rand und Band,
alle denken, was für eine Schand ...
Was hat diesen Mann nur so böse
und verbittert gemacht,
warum nur ist er so aufgebracht ...
Hoffentlich kann man ein Unglück noch schnell vermeiden,
sonst werden viele Menschen danach sehr leiden ...
Dieser Mann gehört auf dem schnellsten Weg,
hinter Schloss und Riegel,
aber auf gar keinen Fall
in eine Gedichtenfibel ...
Was will er wohl damit sagen,
dieser Mann ließ sich vom Alltag zu sehr plagen ...
Geh deinen Weg, schau nach vorne, immer geradeaus,
dann flippst du vermutlich auch nicht aus ...
Die Moral von der Geschicht,
schau in den Spiegel, schau in dein Gesicht,
mach das Beste aus deinem Leben, es ist deine Pflicht,
sonst landest du immer und immer wieder vor Gericht ...

Meinung ...

Menschen, die in ihrem Leben nicht zurechtkommen und die Kurve nicht mehr kriegen, brauchen Hilfe, deine Hilfe, die Hilfe der Gesellschaft, sieh nicht einfach nur weg, wenn er nicht genau so ist wie du. – Biete ihm deine Hilfe an, dass er wieder zum richtigen Kurs findet, denn irgendetwas hat ihn aus der Bahn geworfen und er sucht nach einem Steuerrad, das ihm wieder die Richtung weist. Also sieh nicht weg, sondern hilf, einer muss immer erst den Anfang machen.
< Warum willst du nicht diesmal der Erste sein, der aus reiner Nächstenliebe hilft und der sich danach darüber freuen kann, wenn du dazu beigetragen hast, dass es diesem Menschen wieder besser geht und er in unserer Gesellschaft wieder aufgenommen wird. < ...
<< DENN- Jeder Mensch hat seine zweite Chance verdient ... >>

Ich bin alleine ...

Ich bin alleine, fühle mich einsam zu Haus,
sollte dringend mal wieder raus.
Einfach spontan mal wieder
irgendwohin gehen,
andere Menschen sehen,
bei alten Freunden mich mal wieder zeigen,
dass die alten Erinnerungen in einem
wieder erwachen und in das Gedächtnis steigen ...
Vielleicht gibt es sie ja schon gar nicht mehr,
eigentlich vermisse ich sie sehr ...
Ich glaube, manchmal weiß ich gar nicht mehr
so richtig, was ich will
die Zeit jedoch läuft jedenfalls weiter,
bleibt niemals still ...

Du bist und wirst niemals und nirgendwo auf dieser Welt alleine sein, außer du bestimmst es für dich selbst so. Gott wird dich überall begleiten, er ist und bleibt bei und in dir ...
Geh mit Gott und er wird dich da hinführen, wo du in bester Gesellschaft bist und wo man dich herzlich willkommen heißen wird ...

Herrlich, wenn man viel weiß ...

Herrlich, wenn man viel weiß,
sich erarbeitet und erlernt im eigenen Schweiß,
Tag und Nacht nur gelernt,
dadurch viele wichtige Dinge verlernt ...
Ich kann kaum noch mit anderen Menschen umgehen,
verspüre Angst, wenn sie sich nach mir umdrehen ...
Gescheit und intelligent bin ich allemal,
doch das Leben wird mir langsam aber sicher zur Qual ...
Niemand mehr will sich mit mir unterhalten,
weil ich alle Worte für mich will verwalten ...
Und die Moral von der Geschicht,
Besserwisserei lohnt sich nicht,
außer vielleicht vor Gericht ...

Menschen, die meinen und glauben, alles besser wissen zu müssen als du selber, haben es nicht immer einfacher, sie machen sich ihr Leben unnötig selbst schwer und sind auch noch der festen Überzeugung, dass ihre Meinung zu allem besser und gewichtiger ist als deine eigene.
Anders ist es mit solchen Menschen, die gerne dazulernen und sich auch mit Selbstverständlichkeit etwas sagen lassen, die dich eventuell auch weiterbringen, denn diese Menschen wollen unbedingt und freiwillig etwas dazulernen ...
>> Trotzdem solltest du nicht vergessen, wir sitzen alle in einem Boot und der Kurs, den wir gemeinsam fahren, heißt leben und leben lassen ...

Reden Sie doch keinen Stuss ...

Reden Sie doch keinen Stuss,
es kommt, wie es kommen muss,
wenn sich Menschen in die Fresse hauen,
oder sich die Handtaschen
auf offener Straße klauen ...
Wenn sie sich besaufen,
deshalb ihre Frauen weglaufen,
wenn sie sich belügen
oder gegenseitig betrügen ...
Wenn sie sich beleidigen,
nicht mehr durch Recht und Unrecht
ihre Mitmenschen verteidigen,
man hat doch alles optimal im Griff,
alles läuft nur nach Pfiff ...

Wir alleine haben es im Griff und können bestimmen, wie wir miteinander umgehen sollten, wir müssen auch begreifen lernen, dass alles ein Spiel ist und wir mittendrin stecken in diesem Spiel. Jeder spielt eben seine Rolle so gut er kann und sollte diese nicht zu ernst nehmen ... Wir sind Menschen und Mensch sollten wir bleiben und uns gegenseitig Freude bereiten und uns nicht bei diesem Spiel, das sich Leben nennt, einander es uns schwer machen, sondern wenn einer aus der Reihe tanzt, ihm dabei helfen, dass er wieder hinein findet und es ein Stück weit noch besser lernen kann, was es heißt, ein Mensch zu sein ...
<< Denk immer daran, du bist auch nicht perfekt >>.

Egal, wo ich hinseh ...

Egal, wo ich hinseh,
Mensch tut Mensch weh
ich weiß aber nicht warum,
es gibt vielleicht eine Erklärung,
der Mensch ist verständnislos
und immer noch zu dumm ...
Weiß halt oft nicht, was er tut,
so steckt es ihm halt im Blut,
Mensch nur auf dem Papier noch zu sein,
das im Moment zu behaupten, wäre gemein ...
Richtig Mensch zu sein,
müsste man erst noch erkunden
und das dauert bestimmt noch viele, viele Jahre
und eben so viele Stunden ...

Die Erfolgsgrundsätze des Dale Carnegie

- *Erkennen Sie die eigenen Qualitäten - das ist der erste Schritt zum Erfolg.*
- *Zeigen Sie echtes Interesse an anderen Menschen.*
- *Spenden Sie echte Anerkennung und echtes Lob.*
- *Sehen Sie die Dinge immer auch aus der Sicht des anderen.*
- *Niemand ist überzeugender, als ein guter Zuhörer.*
- *Behandeln Sie andere so, wie Sie behandelt werden möchten.*
- *Seien Sie der erste, der Fehler einräumt, und der letzte, der Kritik übt. Vor allem aber seien Sie konstruktiv.*
- *Verlieren Sie nie die Übersicht. Sehen Sie das Wesentliche.*
- *Leben Sie von Tag zu Tag. Richten Sie Ihre Energie, Ihre Aufmerksamkeit,*
  Ihr Streben auf das, was zählt: auf das Heute.
- *Sorge dich nicht, lebe!*

Im Rebensaft ...

Im Rebensaft
steckt bestimmt viel Lebenskraft
auch mit dem Hopfen
kann man diese Kraft stopfen ...
Man kann sich aber auch,
des guten zu viel zumuten,
am anderen Tag musst du
dafür doppelt bluten ...
Wer weiß, ob der Alkohol ist
für das Leben überhaupt gut,
schöpft jedenfalls Feiglingen neuen Mut ...
Wenn er einmal dadurch völlig erschöpft
ihn das Leben von heute auf morgen köpft ...
Danach ist alles einerlei,
aber auch Schluss mit der Sauferei ...

Mach aus deinem Leben keinen Trauerzug, laufe nicht davon, wenn du Probleme hast, stell dich ihnen und sie werden kleiner. – Ein reiner Lernprozess, ob man schon für Größeres geeignet und beschaffen ist. Es könnte daher sein, dass du dich noch einigen Prüfungen unterziehen musst, bis es soweit ist.
Probleme, die du im Leben zu bewältigen und meistern hast, bedeuten aber gleichzeitig Wachstum, Kraft, Liebe, Freude und Erfolg, die dir Stück für Stück zuteil werden.
Denn wer von seinem Wachstum im Leben davon läuft, dem laufen seine Probleme unaufhörlich hinterher, mit anderen Worten, stell dich ihnen und du wirst frei, glücklich und unabhängig sein ...

Gedanken ...

Meine Gedanken sind weit fort,
sie wandern von Ort zu Ort
überlege das eine und das andere,
wo ich wohl als nächstes hin wandere,
oder ich widme mich anderen, schönen Dingen,
wie z. B. Reisen, Kino, Auto, Erfolg oder teuren Ringen ...
Auch eine Idee wäre, wie ich anderen Menschen helfen kann,
da gehe ich zuverlässig und eifrig dran ...
Ich könnte im Moment auch am Strand,
auf einer einsamen Insel liegen,
könnte ganz entspannt über
meinen Alltagsstress siegen
könnte mich in meinen Gedanken
für was ganz Großes in meinem
Leben hinein wiegen ...
Ich weiß jetzt ganz genau und bestimmend,
mein Leben wird ab jetzt hell und glimmend,
ich frage mich nur, warum,
habe ich diesen Erfolg, massenweise Geld,
nicht schon länger um mich herum ...

>>Der Geist des Menschen ist wie ein Fallschirm:
Er funktioniert nur, wenn er offen ist.<<
Szenenspruch

Fluss des Lebens ...

Überlass dich dem Fluss des Lebens,
alles andere ist vergebens,
hast du das erst einmal eingesehen
werden Wunder geschehen ...
Überlass dich dem Lebenstreiben,
wirst für dich selbst und für andere
ein Leben lang im Herzen erhalten bleiben ...

Nur wer selbst um seine Träume kämpft und ihnen folgt, bleibt auch für andere in ihren Herzen erhalten, denn sie sind etwas Besonderes, sie tun und lassen, was sie wollen, und machen, was sie für sich als richtig empfinden ... Sie folgen ihrer Vision und hören auf ihre innere Stimme, lassen sich vom Bauchgefühl leiten und führen, kommen dadurch immer schneller an ihr Ziel. Ihre Herzen sind voller Ideen, sie setzen eine nach der anderen in die Tat um, denn nur so werden auch ihre Träume sichtbar und glaubhaft. << Diese Aussage ist auch schon Kult – vielleicht kennst du sie auch? – ich glaube nur, was ich sehe >>.

>>Denke erfolgreich, und du hast Erfolg<<

>>Denke glückliche Gedanken, und du wirst glücklich. Denke erfolgreiche Gedanken, und du wirst Erfolg haben<< - Mit solchen Gedanken wurde Dale Carnegie unsterblich und erfolgreich.
Sein prominentester Schüler übrigens: Topmanager Lee Iacocca, seinerzeit bei Ford gefeuert, der später – gestärkt durch Carnegies positive Polung – die Kraft, Fantasie und Energie entwickeln konnte, um den maroden Autokonzern Chrysler zu retten. Dale Carnegies Grundsätze für erfolgreiches menschliches Zusammenleben sind
zeitlos und sicher für viele Menschen auch erbaulich. Sie geben Trost und nehmen den Druck. Vorläufig. Doch Sorgen lösen sich nun mal nicht allein durch den Apell >>Sorge dich nicht<< in nichts auf..
Mythos positives Denken!!

Düfte des Lebens ...

*Düfte des Lebens,
ich rieche sie jetzt und hier,
machen mich zu einem kämpfenden Stier.
Lass mich mit, in diesen Lebensrausch,
früher oder später brauchen wir
sowieso alle einen Stoffwechseltausch..
Kämpfe des Lebens
sind niemals vergebens ...
Ihr wisst jetzt genau, wie es geht,
alles ist möglich, oder braucht ihr noch einen Rat,
also dann legt los, setzt es nun um in die Tat ...
Lasst euch von nichts aus der Ruhe bringen,
glaubt mir, es wird euch alles gelingen ...
Gebt nichts darauf, was andere sagen,
auch wenn sie dich noch soviel danach fragen.
Lasst euch eure eigenen Erfolge somit sichern,
es werden immer mal Leute über eure Ideen kichern,
macht weiter, immer weiter, dann habt ihr es bereits geschafft,
sehr viel Geld außerdem mit eurer Idee gerafft ...
Was wollt ihr noch mehr, ihr steht jetzt im Rampenlicht,
gut gemacht, so sehe ich es aus meiner Sicht ...
Hast an dich geglaubt,
dich deiner Berufung nicht beraubt,
warst für so viele Menschen eine Vorbildfunktion
und das alles ohne Zweifel und ohne Spion,
alle Achtung, für diese großartige Aktion ...*

Der Käfer ...

Es liegt ein Käfer unter dem Laub,
völlig stumm und völlig taub ...
Er hat sich zu einem Schläfchen darunter gelegt,
merkt nicht, wie des Menschen Fuß
sich über ihn hinweg bewegt ...
Wach auf, du liebes Käferlein,
morgen um die gleiche Zeit,
könntest du schon tot sein ...

Verschlafe nicht deine Möglichkeiten, verstecke dich nicht in einer dunklen Kammer, sondern stell dich deinen Wünschen, was du im Leben haben und erreichen willst, das beginne jetzt und sofort. – Lass keine unnötige und nicht genützte Zeit mehr verstreichen. – Denke daran, das Leben ist zu kurz für lange Reden ... Lass nicht andere über dich hinwegtrampeln, hebe deinen Fuß, setze einen vor den anderen, lauf los und hole dir, was dir zusteht, und das ist eine ganze Menge, gib sie nicht ab, denn sie sind für dich gedacht ...
Morgen kann es vielleicht schon zu spät sein, wenn du deine Chance anderen überlässt, denn es wird immer welche geben, die sie zu nutzen wissen ... >> Also steh bitte auf und hol dir, was dir zusteht <<. Gelegenheiten gibt es täglich genug, gehe es an ...

>>Das komische am Leben ist:
Wenn man darauf besteht, nur das Beste zu bekommen,dann bekommt man es häufig auch.<<
W. Somerset Maugham

Ohne Kampf kein Mampf

Lass dich nicht unterkriegen, kämpfe und zeige Zähne, verkrieche dich nicht, sondern stelle dich, zeig, was du drauf hast, gib dich nicht einfach so kampflos geschlagen, sonst wird es dir immer wieder passieren, dass dich jemand wie eine Marionette benutzen will ...
Sag deine Meinung, sie ist wichtig, lass dich nicht einschüchtern, >>danach wird es dir besser gehen – und << du wirst wieder frei sein, für – NEUES<<

Kämpfe mit Kopf und Verstand ...

Kämpfe jeden Tag um deine Rechte und lasse dir von niemanden etwas gefallen, zerre aber nicht täglich jemand vor Gericht oder schlage deinem Nächsten auch nicht in sein Gesicht ... So ist das nicht gemeint, Vernunft und Taktik sind auch hier gefragt. Wenn du es nicht weißt, bitte die Unendlichkeit um Hilfe, dann wird jede Situation, und sei sie auch noch so aussichtslos, auf seine eigene Art geregelt, du brauchst dann nur noch zusehen, wie sich die Wogen glätten
>> Vertraue einfach, du wirst es erleben <<.

Kämpfe und vertraue auf Gott, er wird dir zur Hilfe eilen, wenn du im Recht bist!

Gefühle herauslassen:

Eine Tragödie kann sich als etwas äußerst Gutes erweisen, wenn wir mit ihr auf eine Weise umgehen, die uns persönliches Wachstum ermöglicht...
Louise L. Hay

Schon wieder...

Schon wieder ist ein Tag vollbracht,
das Arbeiten hat mir Spaß gemacht
was wären wir denn nur ohne,
meine Kollegen meinen,
das juckt mich nicht die Bohne.

Hoffentlich werden wir nie arbeitslos,
sonst sitzt du zu Hause, auf Mutters Schoß ...

Sei bloß froh, in dieser unsicheren Zeit,
wenn du arbeiten darfst und gesundheitlich es kannst,
ansonsten du den Gürtel zwangsläufig etwas enger spannst ...

Gedenke deiner Arbeit und sei froh, das du sie hast,
arbeite, arbeite nach Möglichkeit, ohne Rast
es wird immer weitergehen,
man muss es nur verstehen..

Angst sich machen und die Nerven dabei verlieren,
das darf nicht sein, zur Not muss ich halt
was anderes ausprobieren.
Möglichkeiten wird es immer wieder auch für mich geben,
das Schlimmste wäre allerdings, sich aufzugeben..

Die Zeit wird sich auch für dich wieder verändern,
kannst wieder voll zuschlagen, in den Lebensmittelständern,
glaube auch hier an das Gute,
denn genau so wird es dann auch kommen,
ohne voreingenommen.
Du lebst nur einmal, hole auch in dieser Situation
das Beste aus dir raus,
lebe trotzdem in Saus und Braus ...
Es wird immer, wenn du bittest, alles,
was du brauchst, zu dir kommen,
hast du das richtig vernommen ...
Glaube und vertraue und lerne zu verstehen,
dann wird es dir ein Leben lang an nichts fehlen
und dir bis an dein Lebensende gut gehen ...

Eine Arbeit bzw. Anstellung im Leben ist keine, der Mensch ist in der Lage, in der Zeit, wo er auf der Erde umherwandelt, locker und leicht 15 - 20 Berufe oder Tätigkeiten zu erlernen bzw. auszuüben ... Also, lass dich nicht aus der Bahn werfen, wenn einmal was nicht so läuft, wie du es für dich geplant hast, es kommt so und so anders ... << Denke daran, es geht immer weiter, fällt eine Türe ins Schloss, springt ein Fenster dafür auf >>. Also, was machst du dir Sorgen und quälst dich mit den falschen Gedanken, für dich ist doch bestens gesorgt, aber das weißt du ja jetzt bereits ... Du willst doch leben, also dann tu das doch bitte ohne Einschränkung und mach dir weniger negative Gedanken zu diesem Thema, denn <<< das, was du denkst, das bist du auch >>>.

Mach immer das Beste aus deinem Leben ...

Erfolglose verschwenden ihre Zeit.
Erfolgreiche nutzen ihre Zeit.
Die Entscheidungen waren nur der Anfang von etwas.
Wenn man einen Entschluss gefasst hatte, dann tauchte man in eine gewaltige Strömung, die einen mit sich riss, zu einem Ort, den man sich bei dem Entschluß niemals hätte träumen lassen.
Paulo Coelho(>>Der Alchimist<<)

Richtig lieben kann nur ein Mensch ...

Richtig lieben kann nur ein Mensch,
der an andere glaubt.
Ihnen zuhört, wenn sie was sagen,
nicht ständig über sich selbst klagen,
wenn sie Probleme haben,
darüber ernsthaft nachdenkt,
Hilfe zu ihnen lenkt ...
Nicht nur ein dummes Grinsen rüberbringt,
dann dir in deinem Leben auch was gelingt.
Helfen im richtigen Moment, wenn du kannst,
den Bogen nie überspannst.
Dann wird auch dir immer jemand zuhören
und dich in deinem Glück niemals jemand stören ...

Glück und Frieden, auch das Vertrauen wirst du in dem Moment erlangen,
wenn du den Weg gehst, den du nicht ändern kannst ...
Du wirst in dem Moment, wo dir das klar wird, eine unendliche Freiheit und Geborgenheit in dir spüren. << Du fühlst dann die Freude im Herrn >>

Alles, was wir tun, sollten wir gern tun, denn was wir mit Freude machen, fällt leichter und gelingt. Und alles, was uns leicht fällt, darin entwickeln wir Spaß und Antrieb, egal, ob in der Schule, bei der Erziehung unserer Kinder oder in der Partnerschaft, es kommt in jedem Fall immer auf unsere innere Haltung an, um erfolgreich zu sein ...

Wenn du im Leben was erreichen willst, brauchst du die Fähigkeit, an dich selbst zu glauben, einen eisernen Willen und einen felsenfesten Glauben, dass du es auch schaffen wirst. <<Denn wo ein Wille ist, ist auch ein Weg, du musst nur damit beginnen ... Beginne damit jetzt, denn du bist der Steuermann deines Lebens und somit auch deiner Gedanken, deines Erfolges und deines Glückes. << Viel Erfolg >>

Deine Gedanken sind es, die es dir leicht oder schwer im Leben machen, also höre genau hin, bevor du dich für irgendetwas voreilig entscheidest ...

Renovieren ...

Heute haben wir renoviert,
die Wände tapeziert.
Viel gearbeitet und geschuftet
es hat nach frischer Farbe geduftet.
Ab und zu neue Farbe an die Wand,
da hält das Gemüt wieder länger Stand.
Habt einfach wieder zu Hause mehr Spaß,
geht weniger auf die Gass'.
So ein gemütliches, schönes Heim,
das ist längst nicht mehr geheim.
Um so gemütlicher ist es zuhaus',
desto weniger geht man raus ...

Mit der frischen Farbe an der Wand ist es wie mit dem Mensch sein, wir müssen uns auch ab und zu erneuern. – Uns auf das Leben neu einstellen, damit wir in der schnelllebigen Zeit mithalten können, ohne Schaden davonzutragen.
Es ist ein ständiges Erneuern und Umstellen, wir müssen oft aus unserer Haut raus, auch wenn wir es gar nicht wollen. – Sollte es doch zu viel werden, haben wir ein Rückzugsrecht in unser Innerstes, das dann vergleichbar ist mit unserem schönen und neu renovierten Zimmer, in dem wir uns wohlfühlen dürfen und bei Gott sein können.
Genieße diese Zeit mit ihm und höre genau zu, was er dir zu sagen hat, es wird in jedem Fall hilfreich sein. >> Vertraue darauf, denn er meint es in jeder Sekunde in deinem Leben gut mit dir, nur das Allerbeste hat er für dich bereit gestellt – Glück, Frieden, Harmonie, Freude, Liebe, Freunde, Arbeit, die dich erfüllt, Reichtum, Wachstum in allem, was du dir vorstellen kannst, Erfolg und vieles mehr ... << Rede mit ihm, vertraue dich ihm an, sag ihm, was du gerne möchtest oder werden willst, er hört und sieht dich immer, außerdem weiß er genau von deinen Sehnsüchten, Träumen und Wünschen, sprich sie laut aus und warte, was geschieht ... – Geh raus, lerne neue Menschen kennen, sie bringen dich auf neue Ideen und Gedanken, denn wir sind hier auf diesem wunderbaren Planeten, um uns zu verwirklichen. .. Es werden gute Freundschaften entstehen, ihr werdet feststellen, wie viele Gemeinsamkeiten ihr doch miteinander habt und auch wiederum sehen, wie verschieden ihr dennoch seid. Und genau das ist das schöne daran, denn genau so hat uns Gott gemacht und erdacht ... Wir alle sollten uns aus diesem Grund mehr unterstützen, gerade weil wir so verschieden sind; was der eine nicht kann, macht der andere für ihn, denn nur so ist ein Vorwärtskommen in dieser bereits ungeliebten Welt gewährleistet und unsere Zu-

kunft, zumindest aus menschlicher Sicht, wieder einigermaßen gesichert und gewährleistet.
DENN – << Was du einem anderen Gutes tust, das tust du auch für dich selbst << Reicht euch die Hand und geht gemeinsam, das macht euch so stark und unschlagbar, denn gemeinsam wird euch niemand von eueren Zielen und Träumen abhalten können.
< DU wirst alles erreichen, es wird DIR alles gelingen, wenn DU es willst und es unverzüglich angehst, lass keine unnötige Zeit mehr verstreichen, geh es sofort an, lerne Menschen kennen, und dann baue dir etwas auf -- So hinterlässt du - DEINEN- guten Willen ...
Viel Spaß beim Aufbau deiner Zukunft und Gottes Segen sei mit dir, es möge dir alles, was du angehst, gelingen ...

Wunsch (um mehr Ruhe)

Lieber Herr im Himmel, ich bin so müd',
mein Kopf macht ständig Tatüüt, Tatüüt ...
Könnte mich direkt niederlegen
und einen schönen Traum aushegen ...
Mich am liebsten von allen
Pflichten und Lasten trennen,
einfach mal abschalten und ausschlafen,
so richtig, mal den Tag verpennen,
ohne das Kind jetzt beim Namen zu nennen ...
Bin im Moment ziemlich am Ende,
ich bitte dich schnellstens
um eine Energiespende ...
Mit den Gefühlen geht es bei mir
einmal runter, einmal rauf
so gestaltet sich unter Umständen,
unser Lebenslauf ...

Teile deinen Tag ein ...

Teile deinen Tag und deine damit verbundenen Gefühle besser ein, dann macht dein Kopf auch nicht mehr Tatüüt, Tatüüt, es könnte sein du bist überarbeitet, oder mit deiner momentanen Situation nicht zufrieden, oder gar mit irgendeiner Sache überfordert.
Halte Ausschau nach mehr Zufriedenheit, tue etwas für dich, mach einfach mal was Schönes, nach dem du dich schon lange sehnst ... >> Geh gut Essen, sieh dir einen Film im Kino an, verabrede dich mit guten Freunden, mache einen Spaziergang in der Natur oder was dir sonst noch Freude bereitet << das bringt dich sofort wieder auf andere Gedanken. Versuche ausgeglichener zu werden, gehe deine Aktivitäten langsamer an, genieße deine Schritte, wenn du gehst, so erlebst du alles intensiver >> ein Chinesisches Sprichwort besagt: »Wenn du es eilig hast, gehe einen Umweg« – denk einmal darüber nach, oft hilft einem ein Sprichwort mehr als ein vollgeschriebenes Buch ...
Gehe in dich, und werde ruhiger, dann hast du den ersten Schritt und den Startschuss für ein ruhigeres, intensiveres, glücklicheres und besinnlicheres Leben gegeben ...
Ich freue mich für dich und wünsche dir für die Zukunft selbstverständlich auch mehr Freude, Harmonie, Glück, Zufriedenheit, Reichtum, Erfolg und Gottes reichlichen Segen in allen Lebensbelangen und bei allen deinen Ausführungen.
Schone dich ein wenig, und du wirst mehr vom Leben haben ...

Geduld

Zur Macht der Geduld drei Zitate von drei großen französischen Denkern:
>>Warten können ist das große Geheimnis des Erfolges<< glaubte der Staatsphilosoph Joseph M. De Maistre. >>Geduld und Zeit erreichen mehr als Stärke und Leidenschaft<<,schrieb Jean de la Fontaine.
>>Festhalten, bereit sein, ausharren. Geduld ist Genie<<, wusste der Naturforscher Georges Louis Buffon.

>>Ich versuche nie, ein Turnier zu gewinnen.Ich versuche auch nie, einen Satz oder ein Spiel zu gewinnen.
Ich will nur diesen Punkt gewinnen.<<
Pete Sampras

Ein Herz ...

Ein Herz voller Liebe
und sehr viel Gut,
zu einem neuen Sprung,
braucht es auch neuen Mut ...
Meine Kühle und meine
Wärme dich umsorgt,
niemand auf dieser Welt,
wenn es darauf ankommt
und du in Not bist,
jemand einen Cent dir borgt ...
Es geht im Leben nicht immer
ohne Schmäh, Krach oder Rabatz,
dafür haben wir im Moment,
aber keinen Platz,
jetzt gibt es erst mal einen dicken Schmatz,
verzeihe mir, ich liebe dich
trotzdem noch von ganzem Herzen, mein Schatz ...
Ohne dich ist mein Leben doch für die Katz ...

Mut und die Liebe sind dicht miteinander verbunden, du besitzt den Mut, dich mit jemandem fest zu binden und unter Umständen ihn ein Leben lang zu begleiten durch dick und dünn, durch Freud und Leid mit ihm zu gehen ... Das ist Mut, Vertrauen und Zutrauen mit Liebe gleich gesetzt...
Vertrauen in alles, was du in der Zukunft mit deinem Partner gemeinsam gestalten und erleben wirst.
Dir zuzutrauen Entscheidungen gemeinsam zu treffen, ob sie nun richtig oder falsch getroffen wurden, es miteinander austragen und behilflich sein, sie / ihn wieder aufbauen, wenn sie / er bei einer Fehlentscheidung leidet ...

Ich wünsche dir, dass du deine große Liebe findest und mit ihr / ihm ein ganzes Leben lang glücklich sein darfst und viele, viele glückliche Stunden, Tage, Wochen, Monate, Jahre mit Mut, Vertrauen und Zutrauen mit deinem Partner verbringen kannst und dir mit ihm alles zusammen gelingen wird ...
Seid aufrichtig und geht in jeder Hinsicht ehrlich miteinander um, dann habt ihr schon jetzt viel erreicht.

Wenn du aber in allem mit Liebe vorgehst, hast du alles erreicht, denn das ist es, was in einer Beziehung das allerwichtigste ist ...
>>>>>> DIE LIEBE <<<<<<

Ein Tag ...

Ein Tag zum Ruhn,
mal gar nichts tun
am besten auf dem Sofa liegen,
die Gedanken über einen siegen,
es geht schon wieder weiter,
auf der Lebensleiter ...

Es geht ein Leben lang weiter, auf der Lebensleiter, eine Sprosse rauf, und wenn du nicht aufpasst, kann es auch schnell wieder zwei zurückgehen, das alles kann schnell passieren, so ist das Leben eben ...
Wer kennt das nicht, ist alles nichts Neues, die Formel dafür heißt >> weitermachen und nicht aufgeben oder wie der große Dichter Goethe schon gesagt hat, wenn ihr ERFOLG haben wollt, dann braucht ihr auf kein Geheimnis hoffen oder warten, sondern drei Buchstaben anwenden, hier sind sie >>T U N<<. Ihr müsst einfach nur TUN, das ist alles ... Ich wünsche euch viel Spaß dabei, der Erfolg wird dann nicht mehr lange auf sich warten lassen, denn wer tut, muss einfach Erfolg haben, das geht gar nicht anders und ihr werdet dafür in allen Bereichen und Belangen reich belohnt werden ...

Viel Glück und Erfolg beim T U N

>>Der Himmel hilft nie einem Menschen, der nicht handelt.<<
Sokrates

Immer wieder geht ..

Immer wieder geht so eine Woche schnell rum,
wie im Schnellzug, nur zu dumm,
keiner merkt es so richtig, wie schnell doch die Zeit vergeht,
weil man oft nicht weiß, wo einem der Kopf steht ...
Als kleiner Junge konnte man nur über Nachbars Hecken spucken,
heute kann er darüber gucken,
schnell wird aus einem kleinen Jungen ein Mann,
der bis jetzt in seinem Leben nicht nur an Erfahrung dazu gewann ...
Die Zeit läuft gefühlsmäßig
immer schneller, immer schneller,
sollte vielleicht gar nicht so viel
darüber nachdenken,
die noch verbleibende Zeit nicht
auch noch verschenken,
seine Gedanken sinnvoll lenken und denken ...

Die Zeit ist das wertvollste Gut, was wir haben, deshalb gehe mit ihr sorgfältig und sinnvoll um und verschenke sie nicht, keine Sekunde kommt zu dir zurück ... Deine bisherige Zeit ist vergangen, nicht verloren, du hast darin gelebt, also behalte sie in Erinnerung, denn sie ist jetzt Vergangenheit. >Aber du lebst hier und im Jetzt<. Mach aus deinem Leben eine Party und gib dich in den Rausch und der Trunkenheit im JETZT hin, denn keiner kann dir sagen, wie viel Zeit dir noch bleibt, es kann schnell vorbei sein und du hast womöglich noch gar nicht angefangen zu leben.
>> Fang an und beginne dein Leben im >> JETZT << ...

Lass sie doch reden ...

*Lasse sie doch reden und erzählen,
wen sie morgen am besten wählen,
oder wollen wir die Politik und
und die Regierung einfach
so machen lassen,
fangen die Menschen dadurch an,
sich noch mehr zu hassen ...
Es geht doch dabei nur noch
um belanglose und kaum
noch wichtigen Dinge,
z.B. wie machen wir am besten,
noch mehr Schulden
oder wann springt denn wohl
der nächste bald über die Klinge ...*

*Bei diesen Gedanken wird mir schaurig,
außerdem ist so eine Denkweise traurig,
vielleicht kommen doch bald wieder
schönere und bessere Zeiten,
nicht nur lauter
Pannen, Pech und Pleiten ...*

Kein Mensch sollte versuchen, dich negativ zu beeinflussen, lass es einfach nicht zu, wir brauchen auch nicht über Pannen, Pech und Pleiten uns Gedanken zu machen, denn negatives Denken ist genau das, was wir nicht wollen. Du willst nicht das in dein Leben rufen, womit du nichts anzufangen weißt, sondern das Gute haben und nicht das Gute dich ... Also musst du dein Denken ändern und dich nur noch auf das Beste in deinem Leben zu konzentrieren lernen, dann wird es auch so eintreffen, wie du es willst ... Lass dir keine Angst von Regierung, Politik, selbsternannten Institutionen oder sonstigen Einrichtungen machen, sie alle wollen dich nur manipulieren, wehr dich dagegen und lass dir nichts gefallen, sag deine Meinung, sie ist für die Gesellschaft wichtig und kann zur Hilfe und zum Segen für andere werden.. >> Denn lieber ein lauter Beitrag als leise tot geschwiegen. Denn so hilfst du niemanden und trägst außerdem nicht zur Allgemein- und Meinungsfreiheit bzw. Pressefreiheit bei ... Denn wer etwas zur Weiterentwicklung in unserer Gesellschaft beitragen kann, sollte nicht warten, sondern unbedingt sagen, was er zu sagen hat, sonst gibt es keine Veränderungen und es bleibt alles beim Alten ... >> Nur weiter vor dich hinschimpfen und nichts tun, wird dich nicht weiterbringen, da musst du schon aktiv werden, wenn du nicht weiterhin alles in dich hineinfressen willst, sag deine Meinung sie ist wichtig für alle, jeden interessiert es, was du zu sagen hast <<.

Ich wünsche dir eine positive Einstellung in deinem Leben, aber vor allem, dass du das, was du denkst, auch sagst und es nicht anderen überlässt, wie sich unsere Welt verändern soll, ohne deinen Beitrag dazu leisten.
>> Denk daran, das was du zu sagen hast, ist allen wichtig.<<

Es geht doch gut voran ...

Es geht doch gut voran
mit etwas Pepp und Elan,
du solltest ständig
fleißig sein und etwas Gutes tun,
nicht auf anderen Schultern ausruh'n ...
Arbeiten, immerzu viele Stunden,
um deinen Lohn aufzurunden.
Tragen sollst du deine Alltagslasten,
nicht hinsetzen, faulenzen, oder rasten ...
lasst mich bitte noch etwas sagen,
es gibt nichts Schlimmeres als wehklagen,
ihr könnt alles schaffen, wenn ihr nur wollt,
dann auch kräftig der Rubel rollt ...
Wenn du etwas wirklich willst,
kannst du es auch wahrhaftig werden,
so ist das hier, auf Erden ...
Plane dein Leben mit Maß
und dann habe Spaß.
Setze dir ganz viele
immer wieder neue und ganz große Ziele.
sieh zu, dass du sie dann auch erreichst,
bei der Umsetzung nicht erweichst.
Dann wirst du es in deinem Leben
noch ganz weit bringen,
das muss doch wie Musik
in deinen Ohren klingen ...
Glaube und halte an deinen Träumen fest,
das Universum macht für dich den Rest ...

Ich wünsche dir viel Erfolg und eine steile Karriere ...

Wenn du was verändern willst, musst du handeln, dazu brauchst du Motivation und Durchhaltevermögen.
Motivation ist die Kraft, die das Handeln in Bewegung bringt, stecke dir vorher genaue Ziele und notiere dir, bis wann du sie erreicht haben willst. Notiere dir am Anfang kleinere und realistische Ziele, die du auch gut erreichen kannst. Du solltest dich zu Beginn nicht überfordern, denn wenn es auch nicht gleich klappen sollte, sei deshalb nicht enttäuscht, versuch es gleich nochmal.
Denk daran, mit den kleinen Schritten lernst du das Laufen und nach dem Laufen das Rennen ...
<<< Da, wo die Erfolglosen aufhören, fangen die Erfolgreichen erst richtig an. <<<

Wenn Gefühle wanken ...

Wenn Gefühle wanken,
Menschen sich öfter
als normal zanken.
Nicht nur immer klagen
die Wahrheit auch ertragen.
Macht euch doch nicht gegenseitig verrückt,
schaut lieber zu, dass ihr euch viel öfter wieder beglückt ...
Seht euch um, in diesem wunderschönen Land,
geht raus und starrt nicht stundenlang zu Hause auf die Bilderwand ...
Für uns Menschen ist das alles gemacht und erschaffen,
dass deine Augen nicht erschlaffen
die Natur ist schöner, mächtiger und gewaltiger
als die stärksten Waffen ...

Morgens vor dem Frühstück ...

Morgens vor dem Frühstück,
ein bis zwei Tabletten Brausevitamin,
dann ab zum Zahnarzttermin,
liege auf dem Stuhl jetzt selig,
aber auch schon ewig ...
Fange bald an zu rosten,
ich denke, bin wohl
auf dem falschen Posten,
jetzt endlich unterbreitet er mir
ein Angebot über neue Zähne,
Zweitausend Euro soll der Spaß nun kosten.
In diesem Moment wird mir wieder bewusst,
habt ihr das nicht auch gewusst,
das Leben ist heuer,
zum jetzigen Zeitpunkt sündhaft teuer.
Aber ohne Zähne lässt es sich eben
schlechter essen und trinken,
sieht auch besser aus, wenn schöne Zähne,
aus dem Mund dir blinken ...
Die Zähne lässt du dir jetzt einfach machen,
dass die Beißerchen
richtig aufeinander krachen
und du kannst damit
auch wieder schöner lachen ...

Mit den Zähnen ist es, wie mit vielem in unserem Leben. Solange alles funktioniert, denken wir nicht über Ersatz nach, kommt der Tag aber, sind wir entsetzt ... Tatsache ist, dass nichts, aber auch gar nichts, aus materieller Sicht gesehen für ewig konstruiert oder gemacht ist.
Auch wir sind eines Tages älter und langsamer geworden in unserer Handlungs- oder / bzw. Denkweise und mit ziemlicher Wahrscheinlichkeit auch etwas gebrechlicher. So wie du dich in dieser Minute im Spiegel siehst oder wie du dich in deiner körperlich momentanen Verfassung fühlst, wird es in etwa zehn, zwanzig, dreißig, vierzig, fünfzig oder gar in sechzig Jahren, (außer du bist noch sehr jung) wohl nicht mehr sein ... Alles muss sich vor dem Alter beugen, ohne Ausnahme und ohne Erbarmen ... Und das ist eine Gerechtigkeit, die die Natur für uns wunderbar so eingerichtet hat ... Jeder muss es eines Tages lernen, damit

umzugehen, wie es ist, wenn wir älter und hoffentlich auch weiser werden dürfen.
Begegnest du also auf der Straße einer alten Frau mit weißen Haaren oder einem alten Mann mit weißen Haaren bringe ihnen Ehrfurcht und Respekt entgegen, denn soweit musst du erst noch kommen. – Außer, liebe/r Leser/in, du bist schon im fortgeschrittenem Alter ... >> Allen anderen wünsche ich aus einem vollen und liebenden Herzen eine gute Reise durch das Tal der Lebensjahre, möge dir alles gelingen, was du dir vornimmst<<. Außerdem wünsche ich dir Liebe, Glück, Frieden, Harmonie, Freude, keine Langeweile, immer noch eine Tätigkeit, die dir Spaß und Freude bereitet, Ausdauer, Freunde, Geduld, viel Spaß weiterhin am Leben und Gesundheit bis hin ins biblisch hohe Alter ...

Die Spielregeln des Lebens...

Wir alle kennen solche Menschen, die jeden Tag in den Kampf ziehen. Die das Leben als mühseligen Existenzkampf, als einzigen Überlebenskampf betrachten und dem Spötter Schopenhauer zustimmen, der einst sagte, das Leben sei >>ein Pensum zum Abarbeiten<<.
Stimmt. Viele Menschen verpulvern im Beruf, im Sport oder in der Beziehung unglaubliche Mengen an Energie. Meist völlig unnötig.
Und warum? Weil sie die fundamentalen Regeln des Lebens nicht verstanden haben oder nicht beherzigen können. Das Leben ist ein Spiel – sehen wir es doch mal so.
Es gibt für diese Perspektive jede Menge kluger Fürsprecher. >>Das Leben ist ein Spiel, in dem Gott die Karten mischt, der Teufel abhebt und wir die Stiche machen müssen<<, sagt der slawische Volksmund.
>>Das Leben ist ein Spiel. Man macht keine größeren Gewinne, ohne Verluste zu riskieren<<, erkannte Christina von Schweden.
>>Das Leben ist ein Spieltisch. An ihm vergnügt man sich in dem Maße, als man ein gewagtes Spiel treibt<<, schrieb Prosper Merimee

Liebe ist nur ein Hauptwort ...

Liebe ist für mich ein Hauptwort,
reagiere mit Achtung und sofort,
schreibe mit viel Gefühl,
und was ich so gerade denke,
mit dem Kugelschreiber,
meine Schrift ich lenke ...
Bin wahrlich niemandem böse,
wenn er über eines meiner Gedichte lacht,
das Schreiben hat mir trotzdem viel Spaß gemacht.
Außerdem will ich mit meinen Gedichten
Menschen viel Freude machen,
dass sie gerne und sogar oft und herzhaft darüber lachen ...
Es ist doch wunderschön, wenn sich Menschen freuen,
wenn wir Freude und Liebe über ihre Seele streuen ...
Das macht doch erst das Menschsein aus,
wenn wir uns freuen, über Blumen, Kinder, Auto und das Haus ...
Lachen, das sollten wir an allen Tagen,
im Lachen würden sich plötzlich alle Menschen vertragen ...
Lachen ist viel gesünder und schöner als der Hass,
ja, da werden die Gesichter blass,
Hass und Neid bringen den Menschen,
nur viel Unannehmlichkeiten
und dass wir miteinander nutzlos streiten ...
Deshalb lasst uns herzhaft und
allezeit miteinander lachen, denn lachen
hält jung und macht gesund,
deshalb lass immer ein schönes
Lächeln über deinen roten Mund ...

Lachen ist gesund, deshalb lache immer, wenn dir danach zu Mute ist ... Lachen kannst du überall und unbegrenzt, denn es kostet kein Geld aber, es macht dich selbst und deine Mitmenschen glücklich. Eine fröhliche Ausstrahlung steckt an, gehe mit einem Lächeln aus dem Haus und komme mit einem Lächeln wieder Heim, genau für dieses Lächeln werden dich alle lieben ... Lächeln ist außerdem eine Verjüngungskur, wer täglich drei- fünfmal herzhaft lacht, wird statistisch gesehen fünf bis acht Jahre älter werden.
Danke für dein Lächeln, <<ich liebe dich>>.

Trinkspruch ...

Wer lacht, der darf auch trinken,
dem, der lacht,
die Frauenherzen zuwinken,
dem, der traurig ist und weint,
eine gute Fee erscheint,
dem, der immer grimmig und traurig ist,
etwas an seiner Seele frisst.
Dem, der voller Hass ist und betrübt,
der hat noch nicht viel geübt ...
Schön wäre es doch, sie würden
sich allesamt einig werden,
hier, bei Mutter Erden.
Dann könnten wir die Gläser
miteinander verbinden,
und die Menschen würden
wieder zueinander finden ...
So ist jeder Charakterzug vereint,
denn ein jeder hat es gut mit dem anderen gemeint ...
Jetzt haben wir den Sinn verstanden im Leben,
darauf lasst uns alle einen heben ... PROST!

Wo bist du, mein Schatz ...

Wo bist du, mein Schatz,
machst du etwa
schon wieder Rabatz,
oder hast du heute deine Ruhe gefunden
und machst ein Schläfchen, für ein paar Stunden ...
Ruh dich aus und finde zu dir selber heute,
dann kannst du auch wieder unter die Leute,
Stress, das ist nicht gut für das Hirn,
das verändert das Aussehen und runzelt die Stirn ...
Suche und du wirst finden den richtigen Stern,
das ist für dich, der richtige Kern ...

Menschen wissen oft nicht so richtig, was sie wollen, weil sie keinen Plan für sich zurecht gelegt haben. Sie wollen sich aber auch an keine Regeln halten.

Immer nur nach ihrem Kopf muss es gehen und das ist für ihre Mitmenschen anstrengend und macht krank. Es fehlt ein Konzept, sie schauen nur nach anderen, sind immer damit beschäftigt ihren Nächsten zu kopieren. >> Du sollst anfangen, dich selbst und zwar nur dich selbst zu verwirklichen, andere gibt es doch schon genug, die so sind wie dein Nachbar, oder dein Kollege, oder die Bäckerei-Fachverkäuferin im Ort .<< Du bist du, mach doch einfach, was dir in den Sinn kommt, frag nicht so viel nach den anderen, die können ohnehin für dich nichts entscheiden. Deines Glückes Schmied bist nur du selbst und was aus dir wird, bestimmst auch nur du alleine, sonst niemand ... >> Also mach dich auf den Weg und hol das Beste aus dir heraus<<. »Es ist spannend und aufregend zugleich, vor allem aber, wird es dir sofort besser gehen, wirst beflügelt und begeistert sein.«
<< Erfolg macht reich, glücklich und sexy <<

Ich wünsche dir viel Glück und Erfolg, bei deiner Selbstfindung / Verwirklichung ...

Dale Carnegie: Der New Yorker sah sich als Totalversager. Lehrer, Kaufmann, Schauspieler, Journalist – stets scheiterte er. Fand beim YMCA – dem Christlichen Verein Junger Männer ->>Unterschlupf<< tauchte in die Gesammelten Werke großer Denker ein (von Laotse,Konfuzius bis Jesus Christus) und strickte auf dieser Basis leidenschaftliche Reden. Thema: Wie man Erfolg hat. Der Erfolg des Dale Carnegie (1888 – 1955) ist phänomenal. Bis heute. Seine Lebenshilfebücher (>>Sorge dich nicht, lebe!<<, >>Wie man Freund gewinnt<<) sind weiterhin Bestseller. M.R. Kopmeyer: Der arme Lehrling arbeitete sich bis zum Präsidenten von acht Konzernen hoch, wurde Berater von über 100 Firmen. 40 Jahre lang erforschte er die Karrieremethoden von ein paar Hundert erfolgreichen Zeitgenossen und verfasste darüber ein vierbändiges Schlüsselwerk – heute ein absolutes Standardwerk für praktische Lebenshilfe.

>>Nehmen Sie jeden Tag wie ein Geschenk. Richten Sie Ihre Energie,Ihre Aufmerksamkeit, Ihr Streben auf das, was zählt:auf das Heute.<<
Dale Carnegie
Erfolgsautor

In mir versunken ...

Ich bin in mir versunken,
es ist, als wäre ich betrunken,
ein Leben voller Sehnsucht und Erwarten,
so steht es in so vielen Sparten ...
Gib mir, wonach ich so sehnlichst suche,
bevor ich einen Flug mir irgendwohin buche ...
Warum höre ich nur so viel auf andere,
die mich zwar nach meinem Namen nennen,
sonst mich überhaupt nicht kennen.
ich will mein Leben, so wie es mir gefällt,
ich hab nie die Meinungen, anderer bestellt ...
Immer wieder werden mir ihre Richtlinien
und Ideen aufgezwängt,
werde von ihnen buchstäblich
in eine Ecke gedrängt ...
Alles das will ich jetzt nicht mehr,
ich liebe mich dafür selbst zu sehr ...
Lasse mir jetzt keine Richtung mehr vorgeben,
ich gestalte mir ab sofort bildlich mein eigenes Leben ...

>>Viele Menschen verfolgen hartnäckig den Weg, den sie gewählt haben, aber nur wenige das Ziel.<<
Kurt Tepperwein,Therapeut und Autor (>>Die hohe Schule des Erfolgs<<).

Bäume, Blumen, Wiesen ...

Bäume, Blumen, Wiesen wieder kräftig blühen,
die Menschen vor Eifrigkeit sprühen,
schön ist doch diese Jahreszeit,
der Sommer ist nun nicht mehr weit ...
Alles um uns herum ist so duftig,
warm und angenehm,
alles ist jetzt so herrlich und bequem ...
Selbst dann noch, wenn wir uns um
unsere eigene Achse dreh'n
und nicht die sogenannten
sanfte Winde weh'n.
Menschen sich wieder an ihrem Leben erfreuen,
sich keinen Sand mehr in die Augen streuen,
genieße deshalb dein Leben,
so wie es kommt und wie es ist,
sei und bleib doch der, der du bist ...

Alles, was du dir in deinem Leben ausdenkst oder dir erdenkst, wird eines Tages Gestalt annehmen. Ob du es nun bewusst oder unbewusst in dein Leben rufst ... >> Versuche es einmal, denke z.B. an einen Menschen, den du schon lange nicht mehr gesehen hast und von dem du gerne wüsstest, wie es ihm geht. Es wird nicht lange auf sich warten lassen und dieser jemand wird sich bei dir melden<<. ... Gedanken haben eine unglaubliche Macht, es funktioniert mit allem, materiell oder geistig, << ausnahmslos und überall <<. Natürlich funktioniert es aber auch nicht von einer Minute auf die andere oder von heute auf morgen ... < Geduld, Ausdauer und ein fester Glaube sind schon notwendig, um etwas Schönes und Gutes in dein Leben zu rufen ...< Bevor etwas Gestalt annimmt, solltest auch du mit dir im Reinen sein!

Ich wünsche dir eine schöne Entdeckungsreise durch dein Unterbewusstsein ...

Siehst du überhaupt ...

Siehst du überhaupt,
was um dich herum geschieht,
der Mensch vor sich selber flieht,
hat schon Angst, wenn der Wind
etwas schärfer braust,
Angst vor der eigenen Faust,
Angst vor dir selber zu haben,
das ist doch nicht richtig, nein,
das ist gemein
lass es nicht zu,
das darf nicht sein ...
Lass deine Gefühle wieder raus,
lebe in Saus und Braus,
lebe, wie du es dir denkst,
denk immer daran,
dein Leben du nur alleine lenkst ...

Beschreibe mir einen Menschen...

*Beschreibe mir einen Menschen,
den du wirklich und von
ganzem Herzen liebst,
ihm deine ganze Liebe gibst,
ihn in Kummer, Sorgen, Leid,
nicht alleine lässt
auch wenn dich der Alltag,
noch so stresst ...
Ich lebe, um zu lieben,
nur für dich allein,
möchte am liebsten immer
in deiner Nähe sein,
lass mich stets und
überall auf dieser Welt
deine Wärme spüren,
würde dich dann
gerne oft verführen ...
Ich liebe dich trotz
der vielen Alltagsschmerzen,
mein Schatz, von ganzem
und einem liebenden Herzen ...*

Bibelspruch:

<< Wer ein festes Herz hat, dem schenkst du Frieden; denn er verlässt sich auf dich Verlasst euch immer auf den lebendigen Gott, denn er ist ein ewiger Fels (Jesaja 26 ,3 - 4).

Lasst die Menschen reden ...

Lasst die Menschen reden, hetzen
und schlechte Worte über einen sagen,
das sind eben des Menschen Plagen,
Worte gehen trotzdem
drückend durch den Magen ...
Was wäre aber, wenn sie nicht mehr über einen reden,
könnte keine Pläne mehr aushegen ...
Das Leben wäre nur noch halb so interessant,
denk mal nach, wer macht dich dann bekannt ...
Deshalb lasst doch die Leute über euch klagen,
sich die Köpfe zerbrechen und nachdenken,
es ist doch schön, wenn sie das
eine oder andere mit euch bedenken,
denn es wird alles viel schneller, als wir alle denken,
wie von selbst sich wieder alles einrenken ...

Bibelspruch ...

>> Der Herr ist mein Licht und mein Heil; vor wem sollte ich mich fürchten! Der Herr ist meines Lebens Kraft; vor wem sollte mir grauen! (Psalm 27, 1).<<

Ich wünsche dir in allem, was du tust, Ruhe, Heiterkeit, Ausgeglichenheit, dass Gottes Liebe deinen Geist und deine Seele durchströmt und dein ganzes Wesen ... Ich weiß, wenn du aufrichtig allen Menschen Glück und Frieden wünschst, wird auch das Gute in deiner Seele erfüllt und es wird jede Furcht, Zweifel und Ängste zerstreuen ... Und du wirst frei werden von Sorgen, Eifersucht und Neid ...
>> Glaube unbeirrbar an das Wahre, alles Gute und Schöne, --Glaube an Gott--

Mach immer das zuerst ...

Mach immer das zuerst, was du gerade denkst,
dein Leben selber in einer Schiene lenkst,
lass dich durch nichts, aber wirklich
durch gar nichts, aus dem Rhythmus bringen,
lass dich von niemandem verschlingen,
bleibe in deinem Leben ehrlich
und anderen gegenüber aufrichtig,
dann wirst du für neue Tätigkeiten wichtig ...
Meistere deinen Weg nach eigenem Gefühl und Kopf,
flechte nie nach anderer Worte deinen Lebenszopf,
denk immer daran, mein Freund, denn nur dein
eigener Deckel, passt auf deinen Topf ...
Das, was du denkst, das bist du auch!

Integrität..

>>Makellosigkeit, Unbescholtenheit<< - so erklärt der Duden das lateinische Fremdwort. Integrität als wichtigste Qualität für ein rundum erfolgreiches Leben! - Das meint jedenfalls der Erfolgstrainer Brian Tracy. Sein Kronzeuge: Aristoteles. Dieser sah Integrität als tragende Basis. Nur ein Leben, das auf Tugendhaftigkeit, auf Ehrlichkeit, Integrität, Mut,Großzügigkeit, Durchhaltevermögen aufbaue, könne gut, glücklich und erfolgreich werden. Nur wer integer sei, bleibe seinen Werten treu.

Mut:

>>Wer wagt, gewinnt!<< - Sagt Ihnen der Name Gerhard Schmid aus Schleswig etwas? Dieser Mann hatte den Mut, sich total auf eine Sache einzulassen, ohne Garantie auf Erfolg. Schmid ist inzwischen Milliardär. Er war Eishockeyspieler, Marketingmann (u.a. Hutschenreuther, Sixt). Eines Tages kündigte er seinen sicheren Vorstandsposten, um die eigene Telefongesellschaft Mobilcom zu gründen. Mit mutigen und genialen Marketingideen trat der Chef und Mehrheitsaktionär gegen die Telecom an – mit gewaltigem Erfolg.
Beispiel Jhon Wayne – er wusste: Mut heißt, der Gefahr zu trotzen, obwohl einem die Knie schlottern...

Sei heiter...

Sei heiter und erlaube dir täglich einen Witz,
auf deinen Humor dich stütz, schlägt ein wie ein Blitz ...
Niemand kommt gegen deine Fröhlichkeit an,
treibt dich unendlich und mit geistiger Sportlichkeit voran,
sei immer gut gelaunt und lächle fröhlich drein,
kein Mensch oder Tier auf dieser Welt
wird dir wegen irgendetwas mehr böse sein ...
Lass dich um Gottes Willen durch nichts
aus der Ruhe bringen,
nicht in deine Seele eindringen,
zeig ihnen in jeder Hinsicht, wer du bist,
wenn es sein muss, mit einer Witzeslist,
denn ein jeder baut mal in seinem Leben Mist
aber das ist alles viel besser, als wenn
du deinen Frust, in dich hineinfrisst ...

Mach das, was du denkst und was du für richtig hältst, setze dabei dein fröhlichstes Gesicht auf und freue dich des Lebens ... Sei dankbar, wenn du morgens aufstehen darfst und dir nichts weh tut, sei dankbar dafür, dass du zu essen und zu trinken hast, sei dankbar dafür, dass du die Luft zum Atmen hast, sei dankbar dafür, dass du ein Dach über dem Kopf hast, diese Liste kannst du endlos ausbauen und fortsetzen, wenn du willst ... Denk mal darüber nach, wir haben doch genug Möglichkeiten, uns über das Leben zu freuen ... << Oder etwa nicht? - - Siehst du es anders? - -<<
Ich wünsche dir, dass du dich in der Zukunft über die kleinen Dinge erfreuen kannst, dann bleiben die großen auch nicht mehr aus!

Ich gehe in Gedanken ...

Ich gehe in Gedanken,
über einen alten steinigen Weg,
vorbei an Wiesen, Wälder, Flüsse
ich komme vorbei,
an einem einsam gelegenen Steg ...
Höre nur das schöne Vogelgezwitscher
und das Rauschen des Baches,
gehe der Ruhe entgegen,
vorüber an des Alltagskraches ...

Gehe noch viele Kilometer so weiter,
ein jeder Schritt macht mich
munterer, fröhlicher und heiter,
das Leben besagt nicht umsonst,
sei froh und lustig, bei jedem Schritt und Tritt,
es geht ein fröhliches und gesundes Herz mit dir mit ...
Deine Seele sich auch noch mit dir freut,
dieser Tag ist demnach gerettet heut ...

Genieße deine Umgebung und die Natur um dich herum, sie ist für dich gemacht, auf dass es dir gut gehen soll ... In der Natur tankst du Kraft für deine Seele. Für die Ausdauer, die du brauchst um dich durchzusetzen und um deine Pläne und Ziele in die Tat umzusetzen. - - Von der Natur kannst du vieles lernen, wenn du genau hinsiehst - - >> Lass dich von ihr inspirieren <<

Schön ist alles um mich herum ...

Schön ist alles um mich herum,
leider keine Zeit, um es anzusehen, zu dumm,
ich nehme mir jetzt einfach mal die Zeit,
um alles Schöne in der Natur anzugucken,
um mit den Augenbrauen beeindruckt zu zucken ...
Die Umgebung und Natur zu sehen, viele Stunden,
auch die Wiesen und Wälder einmal zu erkunden,
einfach mal genießen, diese schöne Frühlingszeit,
der Sommer ist nun ja auch nicht mehr weit ...
so unglaublich frei und glücklich,
macht mich dieser Spaziergang,
ich hatte schon länger diesen Drang,
jetzt bin ich befreit von jeglichem Zwang ...
Ich bin jetzt nicht mehr so stur,
gehe öfter raus, in die schöne Natur,
atme ein, die gute Luft, pur,
wo war ich denn bisher mit meinen Gedanken nur ...

Wenn du bei einem Spaziergang unterwegs bist, wünsche ich dir von Herzen tolle, segensreiche Inspirationen und dass du dich anschließend gut und frei fühlst ...
<< Wage dich dann wieder gestärkt und eifrig an deine Pläne ran >>

Vom Leben viel gelernt ...

Vom Leben viel gelernt,
der Zeit noch weit entfernt,
vieles gelernt und
darüber nachgedacht,
das eine oder andere hätte,
ich noch besser gemacht,
Augen zu, schon viel geträumt,
im Leben doch schon
so einiges versäumt ...
Jetzt bin ich bereit dazu,
um alles aufzuholen,
es ist doch noch
überhaupt nichts verloren ...
Mach dich auf den Weg, sieh zu,
was du alles könntest machen,
es gibt noch tausend Sachen,
freue dich, wenn du was Neues lernen kannst,
überall neugierig und voller Erwartung dich mit einspannst ...
Du weißt, es gibt immer eine Möglichkeit,
der Weg dorthin ist gar nicht weit,
du musst nur sofort damit beginnen,
dann wirst du jetzt und überall gewinnen ...
Du kannst alles, wenn du willst, renne nicht weg,
das Weglaufen hat sowieso keinen Zweck,
gehe deinen Weg, gib deinem Leben Selbstvertrauen,
darauf kannst du immer und überall bauen ...
Du bist der Baumeister und Ingenieur deines Lebens,
alles andere, das glaube mir, ist vergebens ...

Vertraue Gott, dem Leben und dir selbst, du wirst es dann, in deinem TUN und HANDELN, bestätigt sehen ...>> Denn das sind die gemeinten Wunder, die dann sichtbar werden und in dein Leben kommen <<.

Tatsache ...

Das, was du bereits besitzt oder in deinem Leben schon erreicht hast, dafür brauchst du nicht mehr zu BITTEN, denn das hat dir ja Gott schon gegeben, sag einfach >> DANKE <<.
Das, was du aber noch gerne haben möchtest, sag einfach >> BITTE <<.

Warten ...

Warten auf einen neuen Tag,
Worte, die ich dir sag,
was bringt dir wohl ein neuer Tag?
Freude, Leid, Glück oder gar Plag,
nimm es deshalb so, wie es kommt
ohne dass sich einer beklag,
dein Päckchen du alleine
und in voller Verantwortung
nur selber trag,
dann geht es in deinem Leben,
plötzlich alles
Schlag auf Schlag ...
Ich wünsche dir, dass auch ALLE DEINE Wünsche in Erfüllung gehen ...

Gehe und verdiene ...

Gehe und verdiene dein Geld, für das tägliche Brot,
dann ist so ziemlich alles wieder im Lot
dann kannst du dir schöne und neue Artikel leisten,
brauchst dich nicht über gewöhnliche Sachen erdreisten ...

Was ist aber, wenn du keine
Arbeit und keinen Verdienst mehr hast,
dann gibt es in dem
Moment halt eine Zwangsrast,
keine schönen Dinge mehr
du dir plötzlich leisten kannst,
geschweige, gar kaufen,
dann kannst du ums Überleben
wieder von neuem und von vorne laufen ...
Sei dankbar für das was du bereits schon hast,
Möglicherweise gibt es dann doch keine Zwangsrast ...
Das Leben ist eben eine Achterbahn,
treibt uns deshalb, manchmal fast bis in den Wahn ...
Sei stark, glaube immer an das Beste,
sei froh, gehe hin, zu jedem geladenen Feste ...
Sei nicht traurig, wenn nicht immer alles so läuft,
wenn sich dein Schuldenberg häuft,
gib nicht auf, wenn es noch schlimmer kommen sollte,
keiner es sicherlich für dich so wollte ...
Du weißt, wenn du glaubst, am Ende angekommen zu sein,
schaltet sich plötzlich wie von Wunderhand ein Lichtlein ein ...
Sagt zu dir einer mit lieblicher und klarer Stimme,
gehe weiter, du liegst nicht mehr unter dem Messer,
ab Morgen läuft es für dich wieder besser ...
Dann gehe weiter, erhobenen Hauptes und mach dein Ding,
auf dass deine Kasse wieder wieder richtig kräftig und laut kling ...
Du weißt bereits, es gibt immer einen Weg, du musst ihn nur mutig gehen,
aufgeben, damit machst du dir selbst und anderen,
keinen Gefallen, gehe weiter, bleib aber niemals stehen ...

Ich wünsche dir immer einen geradlinigen Weg ...

Liebe in Vollen Zügen...

*Liebe in vollen Zügen,
heißt für mich,
den Partner nicht zu belügen,
oder ihn zu betrügen ...
Die Zeiten haben sich gravierend geändert,
Menschen haben ihre Gefühle
verschlendert und verändert ...
Alle nach Intelligenz und nach Macht sich messen,
vor lauter Gescheitheit sich einander auffressen ...
Die Hauptsache jedoch ist, sie kommen voran,
sprühen vor lauter Energie, wie ein Orkan,
Liebe ist nicht nur ein Wort,
damit treibt man keinen Sport ...
Liebe an allen Ecken und Kanten,
wer liebt, liebt alles und jeden,
die Freunde, Kollegen, Bekannten
und die Verwandten ...
Wer liebt, gibt alles ist niemals verzagt,
mit allen Menschen auf dieser Welt
er Freundschaften wagt ...
Wird es in seinem Leben weit bringen,
lässt sich in keine Vorurteile reinzwingen!*

Ich danke ...

Ich danke allen, die mich belogen haben,
sie haben mir die Kraft der Wahrheit gezeigt ...
Ich danke allen, die nicht an mich geglaubt haben,
sie haben mich dazu gebracht, Berge zu versetzen ...
Ich danke allen, die mich abgeschrieben haben,
sie haben meinen Mut geweckt ...
Ich danke allen, die mich verlassen haben,
sie gaben mir den Raum für Neues ...
Ich danke allen, die mich verraten und missbraucht haben,
sie haben mich wachsam werden lassen ...
Ich danke allen, die mich verletzt haben,
sie haben mich gelehrt, im Schmerz zu wachsen ...
Ich danke allen, die meinen Frieden gestört haben,
sie haben mich stark gemacht, dafür einzutreten ...
Ich danke allen, die mir keine Antwort gaben,
sie haben mich gelehrt, wie nutzlos und sinnlos
sie für mein Leben sind ...
Vor allem danke ich allen, die mich lieben, so wie ich bin,
sie geben mir die Kraft zum Leben!
Unbekannter Autor

Dieses Schreiben hat mir sehr gut gefallen. Als ich diesen Text gelesen und darüber nachgedacht habe, war mir schnell klar, das muss in mein Buch mit hinein. Es trifft den Nagel oft auf den Kopf ...
Dieser Mensch hat mit Sicherheit nicht immer die besten Erfahrungen in seinem Leben gemacht, aber mit Sicherheit das Beste daraus gelernt ... >> Es sind Erfahrenswerte, die dich auch weiterbringen werden, wenn du nicht immer alles auf die Goldwaage legst und dich nicht aus deinem Konzept bringen lässt <<. >> Gehe daher unbekümmert und beharrlich auf deinem Weg weiter << ...

Alles, was du aus Liebe tust, ist ein Segen für die gesamte Menschheit, ich wünsche dir deshalb viel Liebe für dich selbst und so viel mehr, dass es für deinen Nächsten in deinem Umfeld auch noch reicht ...

Wenn ein Mensch zu viel Alkohol trinkt ...

Wenn ein Mensch zu viel Alkohol trinkt,
sein Verstand eines Tages auf ein Minimum sinkt,
der Glaube an sich selbst hat aufgehört,
er sich ganz allein, damit selbst zerstört ...
Es sind Menschen, die am Leben sind gescheitert,
ihr Lebensziel, aus den Augen verloren, daher nicht erweitert,
jetzt nicht mehr an ihr Weiterkommen glauben,
sich dadurch ihr Selbstvertrauen rauben ...
Mit einer negativen Einstellung kommst du da nicht mehr raus,
handle selbst, lass es sein, schau wieder voraus,
gib diesem Teufelszeug keine Chance mehr und wirf es weg,
alles andere hat doch keinen Zweck ...
Trinke nicht aus Spaß und Tollerei
dein Leben ist doch nicht einerlei,
es lieben dich so viele Menschen auf dieser Welt,
sie brauchen dich dringend, mit oder ohne Geld ...
Setze nicht deine Gesundheit so leicht aufs Spiel,
du musst viel dabei einbüßen, leider viel zu viel ...
Du bekommst deine Organe und deine Leber nicht mehr zurück,
die Drogen fressen dich innerlich auf, ganz langsam, ja Stück für Stück,
hör sofort auf damit, jetzt hast du noch die Gelegenheit dafür,
sonst machst du in absehbarer Zeit, deine eigene Kür ...
Trenne dich von deinem besten Freund, dem Alkohol,
sonst trinkt er bald genüsslich auf dein Wohl ...
Die Moral von der Geschicht,
Alkohol braucht man,
oder auch NICHT ....

Lass dich nicht von Drogen und Alkohol lenken und leiten, hast du in diesem Teufelskreis erst einmal Platz genommen, ist es schwer, aus diesem Sessel wieder aufzustehen ... Ich rate dir deshalb, deine Finger von Tabletten, Drogen und Alkohol wegzulassen, es ist gesünder und fügt deinem Körper keinen Schaden zu ... Erfreue dich weiterhin an deiner Gesundheit und den schönen Dingen, die das Leben zu bieten hat.. >> Lass nicht zu, dass Drogen dein kostbares und einzigartiges - ICH - in Einzelteile zerlegen ....

Ich wünsche dir von ganzem Herzen ein drogenfreies und glückliches, erfülltes Leben ...

<<< - Bitte Gott um Heilung, er wird dich hören und gesund machen - >>>

Einmal bin ich so durch die Gassen gegangen ...

Einmal bin ich ganz belanglos
durch die Gassen der Stadt gegangen,
hätte fast einen großen Fehler begangen..
Wollte es nicht richtig durchblicken lassen,
denn hinterher ist es noch immer kaum zu fassen,
ich hätte trotz Arztverbot in dem nächsten Speiselokal gesessen
und hätte wahrscheinlich einen großen, fettigen Schweinebraten gegessen ...
Aber mein Hausarzt hat mir aus gesundheitlichen Gründen eine Diät verordnet,
mein Leben, im eigenen Interesse, auf das abnehmen konzentriert und geordnet.
Wäre mein Geist und Körper schwach geworden und gewesen,
in so einem heiklen und schweren Moment, ist es aus mit dem Genesen.
Meine Blicke würden wieder neidisch schauen, auf schlanke Leute,
so wie man eben sein und aussehen muss, in unserer Gesellschaft von heute,
hätte ich den Braten gegessen, würde es mir sofort wieder leid tun und ich wandere,
mit viel Traurigkeit, dem Druck im Rücken, immer noch dick, voller Neid auf andere ...
Ich muss jetzt einfach aufwachen, ein Plan muss her, absolut mehr für mich tun,
weniger Essen, dafür mehr Bewegung und Sport müssen her, dafür weniger ausruh'n,
mit dieser Strategie, da bin ich fest von überzeugt, wird es auch endlich klappen,
ich will einfach keine dummen Bemerkungen mehr hören
und wildfremde Leute nach mir schnappen,
strampeln, schwimmen, laufen heißt die Devise,
so werde ich die überschüssigen Kilos wegpacken,
nur noch ein paar Tage, vielleicht sind es auch Monate,
oder gar Jahre, heißt es, ganz massiv zupacken.
Doch schneller als ich je gedacht hätte, ist das Wunder aus eigener Kraft,
Ausdauer und viel Arbeit geschafft,
nach vielen Kilometern Radfahren, Schwimmen, Joggen, Laufen
sind die Pfunde und Kilos endlich weggerafft ...
Meine Persönlichkeit, mein Leben, einfach alles um mich herum
hat sich plötzlich stark geändert,
ich selbst bin eine andere geworden, habe mich magisch,
aber auf eine glückliche Art und Weise positiv verändert
Danke, danke am Anfang hat es ausgesehen, wie ein aussichtsloser und endloser Kampf,
jetzt beginnt mein Leben neu, als ein völlig neu geborener Mensch,

mit viel Power, lebe wieder mit Volldampf,
ohne die lästigen Kilos und das war immer mein sehnlichster Wunsch,
macht das Leben plötzlich wieder einen Sinn,
ich möchte es mal ohne Übertreibung so umschreiben,
für mich ist dieses Ergebnis so wichtig wie ein Lottogewinn.

Mit einem gesunden und ausgeprägten Glauben an dich selbst kannst du Berge versetzen oder, wie in diesem Gedicht, die Kilos ... Alles ist möglich, wenn du die richtige Einstellung entwickelst und das Vertrauen zu dir selbst weckst ... Lege deine Bequemlichkeit ab und arbeite an dir, denn wenn du in deinem Leben was erreichen willst, musst du so wie diese Frau alles in Bewegung setzen, konsequent und hart an dir arbeiten, um deine Früchte am Schluss, die du gesät hast, auch zu ernten.
Diese Zusammenfassung nennt man multipliziert = ERFOLG

Das Ergebnis aus Erfolg heißt, alles dafür tun, um es zu erreichen ...

Wenn du dich für eine Sache oder einen Plan interessierst, dann mache dich unverzüglich mit Leib und Seele auf den Weg, um es zu erreichen ... Mit Sicherheit wird es nicht immer einfach verlaufen und dir werden Knüppel zwischen die Beine geworfen.
Und es wird Neider geben, die dir es nicht gönnen, hör nicht hin, mach immer weiter.
Genau das macht es am Ende aus, ob einer durchhält, oder nicht, denn um ein Ziel zu erreichen, musst du alles geben und daran glauben, dass sich alles zum Besten wendet ... - - Denn was du säst, das wirst du auch ERNTEN - -
Ich wünsche dir, das du alles erreichst, was dir wichtig ist, dass deine Sehnsüchte sich erfüllen, dein Glück sich einstellt und du ein sorgenfreies Leben führen darfst ...
<< Gott SEGNE DICH >>

Verzeiht den Menschen ...

*Verzeiht den Menschen, die euch Unrecht getan,
sie machen es nicht mit Absicht, sind nur spontan
nehmen alles mit, haben oft nicht den Elan,
sie treiben nur andere, nicht sich selbst voran ...*

*Gebt wenigstens nicht immer nur den anderen die Schuld,
zeigt ihnen, wie man es richtig macht, und dann habt Geduld,
es wird sich zeigen, ob ihr besser und klüger seid,
lohnen wird sich in jedem Fall nie ein Streit ...*

*Wenn einer um Hilfe aus der Nachbarschaft schreit,
dann gehe hin zu ihm und sei dazu allezeit bereit,
denn das ist das Problem in unserer hektischen Zeit,
wer Hilfe braucht, für den wird der Weg oft weit ...*

*Auch wenn dir einer bei der Parkplatzsuche Schläge androht,
oder wenn er schreit wie ein Depp, für dich ist hier heute Parkverbot,
wenn dein Bruder oder dein Schwager dich vor Gericht zerrt,
sein Grundstück mit einem Schild << Betreten verboten >> für dich sperrt ...*

*Wie soll ich denn das nur alles wieder verstehen,
wenn einem Kollegen die Grenzen aufzeigen,
da könnte in mir doch glatt der Zorn hochsteigen,
was will er denn damit nur wieder ausdrücken,
er sagt, meine Arbeit enthält noch so manche Lücken ...*

*In der Politik geht es mal nach links, mal nach rechts,
dann mal wieder Rot oder Schwarz, dann mal wieder gemischt,
hast du aber konkrete Fragen, wird sofort alles regulär und beamtlich verwischt,
solltest du Probleme haben und stehst vor dem Richter in einem Gericht,
es wird nicht mehr nach Rechtslage verurteilt, nein nach einem unschuldigen Gesicht ...*

Wer erträgt in einer Pizzeria oder in einem guten Lokal noch deine Launen,
du musst gehen, vorher noch bezahlen und darfst deine Rechnung nebenbei bestaunen,
sag, was hat das alles noch mit einem gut funktionierenden System zu tun,
ohne Organisation, ohne Antriebsrad,
wer hilft mir, wer steht mir bei, kaum noch Ordnung, vieles egal geworden,
in unserem deutschen Rechtsstaat ...

Alle drohen, wenn du einem eine reinhaust oder wenn sie dich vor Gericht zerren,
das darfst du nicht, das geht nicht, lass das sein, sonst werden wir dich hinter schwedische Gardinen sperren,
nein, es darf nicht sein, dass Menschen auf der Straße überfallen werden oder man sie sexuell bedroht,
Verbrechen müssen hart bestraft werden, Menschen geschützt und beschützt werden, es gibt Ausgehverbot.
Verzeiht euren Mitmenschen und helft ihnen, dass sie ihren Weg und ihre Berufung wieder finden,
versucht, dass sie sich in ihren Interessen erfreuen und sich wieder an die Gesellschaft aufrichtig / ehrlich binden ...

Ich mag die Menschen nicht ...

Ich mag die Menschen nicht, die falsch lachen,
sie machen völlig falsche Sachen,
wissen eigentlich gar nicht so richtig, was sie machen,
haben sich nicht unter Kontrolle,
spielen oft eine völlig falsche Rolle,
aus diesem Grund kriegen sie sich auch schon
wegen einer Butterstulle in die Wolle..
ich wünsche mir, dass du deinem Nächsten immer und überall
von ganzem Herzen verzeihen kannst und ihm alles Gute und Gottes
reichlichen Segen in sein Leben wünschst ...

Menschen machen nichts Neues ...

Menschen machen nichts Neues,
nur das, was unbedingt sein muss,
und das alles noch im Überfluss,
ungern, geradeaus und voller Überdruss ...
Leben heißt, sich wie beim Sport verausgaben,
sich dabei quälen, verschränken und verrenken,
so erklärt man am einfachsten und überzeugend positives Denken ...
Lerne, sei tätig und nehme nur das Beste für dich in Anspruch,
gibt es in deinem Leben zwischendurch auch mal einen Umbruch, sei froh darüber, d.h., eine neue Brücke kommt für dich in Sicht,
gehe munter und voller Selbstvertrauen drüber, es erwartet dich eine neue Pflicht ...
Freue dich darauf, es enthält neue, interessante und vielversprechende Aufgaben,
gehe nicht zu langsam, versuche diesmal etwas schneller zu sein, du solltest diesmal dahin traben,
lass bleiben, was du bisher Langweiliges gemacht, du kannst doch nicht immer nur an einer Sache schrauben,
überlege diesmal bitte nicht zu lange, höre nicht auf die äußere Stimme, lass dich deiner Chance nicht berauben,
jeder weiß dir von nun an, was zu sagen, VORSICHT heißt das Wort und noch andere solche Dinge,
höre in dich hinein, höre auf deine eigene Stimme, höre auf Gott, lass dich aber nicht zu einem Rückzug zwingen,
wenn du für dich und in deinem Leben eine Entscheidung getroffen hast, die dich nur weiter und zum Erfolge bringt,
dann lass es krachen, am Anfang kann es schwierig sein, doch es wird immer besser später, dir alles von allein gelingt ...
Dein Durchhaltevermögen, dein eigener Glaube an dich, das Vertrauen an Gott haben dich nun weit gebracht,
das zeigt mir wieder in aller Deutlichkeit, dass nichts aber auch gar nichts unmöglich ist, dem, der glaubt und denkt,
den Rest macht das Unsichtbare, du bist wie ein Magnet, der alles in sein Leben zieht, wirst dafür gut gelenkt ...
Mach weiter so, Menschen wie dich braucht das Land, braucht die Regierung, braucht die Politik, braucht die Welt, du bist ein Macher, gehst ohne Scheu an vieles Neue ran, ohne zu verzagen, hast, verdienst schon so viel Geld.

Menschen wie du sind für unsere Kinder und für uns selbst aus besonderer Energie und als Vorbilder gemacht,
du hast schon so viele gute Ideen und Taten, die unvergessen in die Geschichte eingehen werden, in diese Welt gebracht.
Wir brauchen unbedingt und dringend wieder mehr von deiner Sorte, die wild, mutig und entschlossen sind, hier auf der Erden,
dann bin ich überzeugt, geht es wieder aufwärts, Menschen gewinnen in sich wieder Vertrauen und es wird alles besser werden ...

In diesem umschriebenen Gedicht ist eigentlich schon fast alles gesagt, um erfolgreich zu werden.
Lies es aufmerksam und mehrmals durch.<< Vielleicht wirst du dich in dem einen oder anderen Satz erkennen und denkst, bisher hat mir noch keiner eine Chance gegeben, oder ich hatte keine Gelegenheit und Möglichkeit, für einen Neuanfang, oder aber du denkst dir, was will der denn >> - - mir geht es doch gut, ich brauche nichts anderes, - - dann ist ja alles gut ...
Trotzdem solltest du nicht NEIN sagen, wenn sich in deinem Leben eine Veränderung anschleicht und an deine Türe klopft. Sie will dich einladen, um etwas Größeres, Besseres, Schöneres zu erleben, als du es dir je zu träumen gewagt hättest. Bevor du also zu einer Veränderung NEIN sagst, solltest du sie vorher gut, aber nicht zu lange überdenken ...
- - Ansonsten empfehle ich dir, das Gedicht noch mal in Ruhe zu lesen ... - -

Wir sind zur Veränderung geboren, wir verändern uns ständig, in unserem Denken, wir verändern unser Aussehen, ändern unsere Gewohnheiten, unser Auto usw. ...
Das Klima, ja die ganze Welt hat sich verändert, also, was spricht noch dagegen?
Du kennst meinen Lieblingssatz bereits: Das, was du denkst, das bist du auch!

Der Mensch ist von Haus aus ...

Der Mensch, ist von Haus aus spießig,
immer muffig, schlecht gelaunt und fießig,
gemein sein zu den anderen, das ist wichtig,
Machtbesessene macht das sogar süchtig
und finden es auch noch völlig richtig ...
Den Ernst des Lebens er jedoch verkennt,
weil er vor lauter Macht und Vermögen
sein einzigartiges und schönes Leben verpennt ...
Lebenskünstler und mit dem Herzen Erfolg zu haben,
mit diesen Menschen, musst du dich messen,
sind keine Geier, haben auch für die Ärmsten noch ein paar Gaben ..
Von allem ein bisschen mehr oder weniger sollte es sein,
am Besten vom Mehr, das wäre fein ...

Ehrgeiz und ein eiserner Wille ...

Ehrgeiz und ein eiserner Wille,
müsst ihr für den Erfolg haben,
schrie er in die Stille ...

Jeder, der vorher aufgibt,
bevor er seine Ziele erreicht hat,
dem sollte man es sagen,
aber nicht nur der Erfolg,
nein, auch die Liebe,
schlägt uns manchmal auch
gewaltig auf den Magen ...

Ein altes Sprichwort besagt,
wer fliegen will, muss es lernen,
wenn du es kannst,
flieg hoch, immer höher
bis hin zu den Sternen,
solltest dich dabei allerdings nicht,
von der Realität entfernen ...

Lass mich bitte heute nicht allein,
ich komm einfach nicht von dir los,
kaum zu glauben, aber wahr,
ich leg doch tatsächlich,
die Hände in den Schoß,
heute wird nichts mehr gearbeitet und getan,
entscheide ich jetzt einfach so und ganz spontan ...
Ich fühle mich geborgen und wohl bei dir zu Haus,
meine geliebte Zuckermaus ...

Hier trennt sich doch wieder
der Erfolg von der Liebe,
denn ohne dich, mein Schatz
wäre mein Leben eine seelische,
aber auch eine moralische Hiebe ...

Die Liebe und der Erfolg
liegen dicht beieinander,
sie finden beide jedenfalls
den Weg immer zueinander!

Ich wünsche dir von beidem jedenfalls reichlich ...

>>Probleme kann man niemals mit derselben Denkweise lösen, durch die sie entstanden sind.<<
Albert Einstein

>>Erfolg ist ein Gesetz der Serie,und Misserfolge sind Zwischenergebnisse. Wer weitermacht, kann gar nicht verhindern,dass er irgendwann auch Erfolg hat.<<
Thomas A. Edison

Alles denkt nur noch an sich selber ...

Alles denkt nur noch an sich selber,
nicht mehr an die Kriege, Kranken
oder die für uns geschlachteten
Schweine, Rinder und Kälber ...

Jeder will so viel wie möglich für sich alleine raffen,
Tag ein, Tag aus, geknüppelt muss für sein Häusle schaffen,
alle wollen möglichst reich, schön und unabhängig sein,
am besten noch mit dazu die Sonne mit ihrem hellen Schein ...

Mein Gott, was zerstören wir nur noch alles
auf dieser schönen und einzigartigen Welt,
durch Gier, Habsucht, Neid, alles dreht sich
nur noch darum, was man hat, und um das liebe Geld ...

Menschen aller Nationen und Rassen
fangen sich dadurch an zu hassen,
nein, gebt euch deshalb doch keine Tritte und Hiebe,
teilt lieber mehr davon aus, von der unendlichen Liebe ...

Denn Geld, Gold, Silber und alles Materielle ist für
jeden einzelnen Menschen genug auf dieser Welt vorhanden,
ihr müsst nur Gott anrufen, oder habt ihr das Prinzip vom
BITTEN, DANKEN, daran GLAUBEN immer noch nicht verstanden?

Lasst jetzt euer Herz von Gott
mit Frieden, Liebe, Geduld
und Harmonie einsprühen,
dann werdet ihr vor Freude, Glück, Frieden
und neuer Energie übersprühen ...

Denk daran, alles auf diesem Planeten hier besteht aus Energie und Masse – auch du – genaugenommen sind wir ein einziges Energie und Magnetfeld ... Und du steckst als Materie mitten drin, deshalb kannst du in dieses Feld auch senden und empfangen so viel du willst, es ist nichts unmöglich und dennoch so reich und unendlich, dass es für alle Menschen auf der ganzen Welt reichen würde, um aus ihnen allen Millionäre oder Milliardäre zu machen, denn < 1 Cent > ist für das Universum genau so unbedeutend wie < 1.000.000 Million >

Euro ... Es kann nichts damit anfangen, es kennt weder Zeit noch Raum, es ist unendlich und genauso reich ist es an Schätzen, die noch für dich im verborgenen liegen, du musst sie nur bergen und aus dir hervor bringen ...

Ich wünsche dir von ganzem Herzen, dass du die Schätze, die in dir verborgen liegen, hervorbringen kannst, und du viele Millionen oder gar Milliarden davon erntest!

>>Ein Optimist weigert sich nicht, die negativen Seiten einer Situation zur Kenntniss zu nehmen. Er weigert sich lediglich, sich diesen Seiten zu unterwerfen.<<
Norman Vincent Peale

>>Es ist nicht genug zu wissen, man muss es auch anwenden. Es ist nicht genug zu wollen, man muss es auch tun.<<
Johann Wolfgang von Goethe

**Sich kleine Ziele setzen, Sie erreichen.. Sich neue, etwas größere Ziele setzen.. Sie erreichen, so funktioniert >ERFOLG<*
Dale Carnegie, Erfolgsautor

>>Der Plan ist der Vater des Erfolgs, die Aktion ist die Mutter des Erfolgs.<<
Alexander Christiani

Heute hab ich gar keine Kraft ...

Heute hab ich gar keine Kraft,
fühle mich leer, kränklich, trotzdem alles alleine geschafft,
keiner, nicht einer fragt, wie es um dich steht,
wie es einem grundsätzlich so geht ...
Oft weiß und verstehe ich nicht, warum wir uns alle so plagen,
Menschen stauchen und mitten ins Gesicht sie einem schlagen,
Seelisch wir langsam aber sicher verkrüppeln,
wenn sie einen so brutal und rücksichtslos niederknüppeln ...
Doch solltest du auch noch so kränklich sein
und die Menschen um dich herum noch so gemein,
freust du dich umso mehr, wenn du wieder zu Hause bist,
daheim wirst du von deiner Frau geküsst
und von deinem Kind / er schon so vermisst ...
Das entschädigt doch für alles, was nicht klappt
selbst Krankheit und andere Probleme werden da zur Nebensache,
wünscht anderen jetzt nicht mehr seine Rache,
in dem Moment man sich am besten wieder innerlich
und geistig miteinander vereint,
auch wenn man den Tag über noch so geweint,
wir sollen an einem jeden vollbrachten Tag
jedem einzelnen und doch am besten allen gleichzeitig verzeihen und vergeben,
das bringt auch dich, unglaublich weiter in deinem Leben ...
Denn Hass, Neid, Groll und andere Unannehmlichkeiten
sollten wir im Guten miteinander regeln und pflegen,
auch das wiederum bringt dir reichlich Segen,
geht vor allem mit der nötigen Achtung,
mit Respekt und der notwendigen Liebe untereinander um,
manchmal weiß einer gar nicht, wovon er spricht,
oder was er sagt, nimm's ihm nicht krumm ...
Denn wenn keiner mehr die Hand zur Versöhnung reicht,
der Friede hier auf Erden langsam aber sicher verbleicht,
deshalb, ich bitte euch von ganzem Herzen,
und habt ihr auch noch so große seelische Schmerzen ...
Verzeihung ist der erste Schritt zur Selbstheilung im tiefsten unserem Innern,
oder kannst du dich an meine letzten Seiten nicht mehr erinnern ...

Ich wünsche dir von ganzem Herzen, dass du dich mit allen Menschen, denen du noch im Laufe deines Lebens begegnest, im Gutem sowie im Bösen; - < zu verstehen, > - < aber auch zu vertragen lernen wirst > .

Spruch ... (eignet sich auch als Trinkspruch)

Rosen schneiden, mit vielen spitzigen Dornen,
das müsste man richtig, ohne Verletzungsgefahr
und ohne blutige Hände können,
um uns danach einen kurzen oder auch zwei zu gönnen,
könnte sich, wenn ich mir das so überlege,
nach einem exakten und unfallfreien Rosenschnitt,
sich bereits ein kleiner Künstler nennen,
bei einem genialen Schnitt,
dich plötzlich viele Gärtner
und Rosenschneider kennen ...
Wie erstaunlich schön und graziös diese Blume
in all ihrer Farbenpracht doch ist,
nur du, mein lieber Freund,
noch schöner und genialer bist,
lasst auch eure Blume in euch wachsen, gedeihen
und schickt sie raus ins Leben,
darauf lasst uns jetzt alle einen heben ... << Prost >>

Kleine Lebensweisheiten ...

Komm und lass dir nette Worte sagen
lass dich nicht vom Alltag plagen,
lass dich lieber von der Liebe
und der Muse tragen,
danach geht es dir
gleich wieder besser,
brauchst nicht mehr klagen,
brauchst nicht mehr so vieles hinterfragen,
denn wahre Liebe schlägt bekanntlich
nicht auf den Magen ...

Fechte, kämpfe ...

Fechte, kämpfe und gib niemals auf,
meistere deinen eigenen Lebenslauf,
gib nicht immer gleich nach,
wenn sie dir mahnende Worte sagen,
dich diese Worte der Ungerechtigkeit
immer noch im Unterbewussten plagen,
sag das, was du denkst,
verschlucke deine Worte nicht,
sonst kommt dein Wahres < ICH >
und Gewissen nicht in Sicht ...
Du alleine hast es in der Hand,
wenn du kämpfst, dann
siehst du, was geschieht,
ob einer da bleibt oder vor
einer Aussprache Angst hat und flieh t...
Fechte, kämpfe, gib niemals auf,
lass dich nicht und von niemandem mehr verletzen,
denn mit deinem Glauben kannst du Berge versetzen ...

Worte aus der Bibel ...

Wahrlich, ich sage euch: Wer zu diesem Berg sagt: >>Heb dich empor und stürze dich ins Meer! >> und wenn er nicht zweifelt in seinem Herzen, sondern glaubt, das alles geschieht, was er sagt, dem wird es geschehen (Markus 11, 23).

Das heißt mit anderen Worten, der menschliche Geist ist tief in deinem Unterbewussten zu suchen, dort wirst du ihn finden und kannst mit ihm sprechen, denn dein Glaube ist mit deinem Denken eins und aus diesem Grund rufst du auch alles selbst in dein Leben. << Ob du es nun bewusst oder unbewusst tust, es gut oder schlecht für dich ist, es ist deinem Unterbewusstsein völlig egal.
<< Deine Gedanken haben eine ungeheure Kraft und Macht, mit ihnen ist nichts, überhaupt nichts unmöglich ... Du solltest deshalb genau aufpassen, was du denkst, denn in jedem Augenblick erzeugst du Ereignisse und Umstände, die sich in deinem Leben realisieren und Gestalt annehmen werden, es sind Reaktionen, von deinen Gedanken an dein Unterbewusstsein ... Speise es mit positiven Gedanken und Denken, und dein Leben wird sich von Grund auf verändern ...
Ich wünsche dir Gedanken und Vorstellungen von Harmonie, Gesundheit, Glück und Erfolg ...

Manchmal weißt du vielleicht nicht mehr ...

Manchmal weißt du eigentlich gar nicht mehr
so richtig, was du tun sollst oder willst,
deine Gedanken, mit zu viel Überflüssigem killst,
nimmst dir das Gute und schöne oft schon selbst vorweg,
bevor es sich entfalten kann, es hat schon wieder keinen Zweck ...
Du weißt aber bereits, dass das Glück kommt, oft ganz von allein,
also, sei zu deinem Geist und in deinem Denken nicht so gemein,
alles hat in deinem Leben einen Zweck und einen Grund,
deshalb überlegen wir ja auch so viel,
jede Sekunde, jede Minute, Stund um Stund ...
Vertraue deinen Gedanken und deiner Stimme, die du hörst,
sie bringt dich überall dahin, wohin du willst,
wenn du sie mit vollster Überzeugung in dir heraufbeschwörst,
ich gebe dir jetzt und gleich die Garantie,
du hast ab sofort in deinem Leben Glück wie noch nie,
auch aus voller Überzeugung wünsche ich dir Glück und Segen,
so viel wie möglich Sonnenschein, so wenig wie möglich Regen,
das alles und noch vieles mehr wünscht euch mit viel Stolz
Lebenstrainer / Berater und Gedichteschreiber >> Horst Volz <<.

Bibelspruch ...

Jedem Menschen geschieht nach seinem Glauben (Matthäus 9, 29).

Wenn du es richtig nützt ...

Betrachte intelligenterweise dein Unterbewusstsein als einen liebevollen und zutiefst klugen Kumpel / Freund, der es immer nur gut mit dir meint. Wenn du es richtig zu verstehen und zu nutzen weißt, wird es dir in jedem Fall << Harmonie, Glück, Gesundheit, Freiheit, materiellen und geistigen Überfluss bringen >> Denke also in der Zukunft sorgfältig nach, was du dir wünscht. Lass es ohne Ausnahme immer nur das Allerbeste sein. Dein fester Glaube daran wird Kräfte in Bewegung setzen, um das Positive in dir hervorzubringen ...
<< neugierig geworden ? – dann wirst du es selbst an dir erfahren >>

Immer hurtig geradeaus ...

Immer hurtig geradeaus,
Leben in Saus und Braus,
bleibe immer lustig und heiter,
das bringt dich weiter,
auf deiner Lebensleiter ...

>>Der Langsamste,der sein Ziel nicht aus den Augen verliert,geht immer noch geschwinder als der,
der ohne Ziel umherirrt.<<
Sprichwort

Ruhe ist auch sehr wichtig ...

Du solltest auch mal ruh'n,
nicht nur arbeiten,
völlig andere Dinge tun,
hast du Hobbys, führe sie
mit Begeisterung aus, denn da
sind deine Talente darin versteckt,
so manch einer seine Weiterentwicklung entdeckt ...
Talente und Hobbys sind für uns alle doch so wichtig,
sie geben uns Abwechslung und machen süchtig,
wenn du anders denkst, machst du deine Sache,
entweder nicht richtig,
ungern, schlampig oder nur flüchtig ...
Deshalb konzentriere dich auf das, was du allein
oder ihr gerade jetzt zusammen Kreatives macht,
egal, was auch immer du dir dabei Tolles ausgedacht,
macht es mit Freude, und wenn
es sein muss, mit viel Geduld,
wenn es dann auch nichts wird,
gib keinem anderen dafür die Schuld.
Doch wenn es ein Schmuckstück wird,
hast du es alleine oder im Team gemeinsam erarbeitet,
hat sich dein / euer Tun und Machen wie ein Lauffeuer verbreitet,
ein jeder will jetzt sehen, was in der Freizeit
wird geleistet und dich von den anderen so << abhebt >>
was ist es wohl, du hast es sicherlich schon erraten,
oder soll ich es dir gleich verraten,
macht alles das, was ihr gerade - TUT - gerne und aus einer tiefsten,
Überzeugung heraus und das, so lange ihr << lebt >> ...
Eigentlich ganz einfach, es ist , << wie >> mit allem << was>> du tust,
wenn dir irgend etwas nicht zusagt,
oder nicht gefällt, bitte richtig verstehen, das meine ich jetzt auch nicht gemein,
aber wenn du was beginnst, mache es richtig, oder lasse es ganz sein ...

Spruch ...
Wer clever ist ...

Wer clever ist und mit seinen Gedanken, Visionen und Gott sich bindet, immer den richtigen und genialen Weg für sich alleine findet ...

Zwischendurch ... (Atempause)

Zwischendurch sich eine Atempause gönnen,
einfach mal nichts tun, stehen bleiben, dich setzen,
lass andere jetzt sich verletzten, sich abhetzen,
es geht nicht nur, um das Messer neu zu wetzen,
im Trubel der Zeit, geht es auch nicht nur
und auch nicht immer um das Versetzen ...
Werde ruhig, atme einmal tief und gründlich durch,
um dich wieder selbst zu spüren,
um deinen Geist und deine Seele wieder einmal zu berühren,
geh und horche mit viel Ruhe und gründlich in dich hinein,
danach wirst du gestärkt sein und es wird dir um ein Vielfaches wohler sein ...
Gott hat dir deine Kraft und deine Vitalität schnell zurückgegeben,
jetzt darfst du auch noch schnell deine Sünden bei ihm vergeben ...
Du siehst, er hat bisher immer an dich gedacht,
deshalb hat er dich so schnell, auch wieder stark gemacht!

>>Viele Menschen verfolgen hartnäckig den Weg,den sie gewählt haben,aber nur wenige das Ziel.<<
Kurt Tepperwein,
Therapeut und Autor
(>>Die hohe Schule des Erfolgs<<).

Spruch ...
Leben heißt wagen ...

Leben heißt wagen,
so fast alle Leute sagen..
Wer wagt, der gewinnt,
wer nicht, der spinnt ...
Warum sollte ich also etwas wagen,
nur weil das alle Leute sagen ...
Aber wer nicht wagt,
der klagt!

Ziel ...
Es geht immer weiter ...

Es geht immer weiter,
bleib dabei froh und heiter,
stell dich diesem harten,
aber auch schönen Lebenskampf,
wenn es nicht klappt,
auch mal auf den Boden stampf ...
Lass dir bloß nicht immer alles gefallen,
zur Not musst du halt einmal
deine Hand zur Faust ballen;
Das ist zwar nicht die vernünftigste Lebensphilosophie,
es gibt aber auch noch eine andere Theorie ...
Mach einfach immer weiter, auch dann, wenn du denkst, es klemmt,
auch wenn dein Leben vermeintlich ein anderer stemmt,
du weißt, es wird für dich immer einen Weg geben,
er führt dich direkt und immer wieder, so lange du es zulässt, zurück zum Leben ...

Dein Leben ist wie ein Spiegel, hinter vorgehaltener Hand; so wie du deinen Tag beginnst, so wird er auch enden. Also achte bitte darauf, dass du deinen Tag gleich morgens möglichst mit einem Lächeln beginnst, die Menschen, mit denen du es zu tun hast, werden es merken, spüren und sich in deiner Nähe und Umgebung wohl fühlen und gleichsam reagieren ...
Was gibt es Schöneres, als in ein glückliches und freudiges Gesicht zu blicken, denn auch hier gilt die Regel ... Alles, was du gibst, kommt mit dem gleichen Maßstab wieder an dich zurück, so wie du gemessen hast. Du hast das Prinzip

verstanden; nimm dann lieber das fröhliche und lächelnde Gesicht an, denn das macht dich in jedem Fall glücklicher und du kannst zufriedener den Tag auskosten ... Gib immer ein Lächeln zurück, auch wenn es dir noch so schwer fällt ... Ich wünsche dir, dass du ab sofort in glückliche und zufriedene Gesichter blicken darfst, aber auch du für jeden Menschen immer und überall ein Lächeln übrig hast ...

<<< Klagen und sich beklagen gehört zu jedem von uns, aber es wird dich nicht weiter bringen >>>

Schon wieder ist ein Tag vorbei ...

Schon wieder ist ein Tag vorbei,
schneller, als erlaubt die Polizei,
es war ein Tag wie so viele andere,
wenn ich in meinem Gedächtnis so wandere ...
Ein Tag mit vielen Gesprächen und Telefonaten,
Menschen, die mich um Hilfe baten,
ein Tag, der mir persönlich gut gefiel,
ab und zu war auch ein wenig Verlegenheit im Spiel ...
Was wird der neue Tag wohl wieder bringen,
sollte der am Ende auch so oder noch viel besser ausklingen ...
Ich freue mich schon darauf;

Ich muss mich ein wenig beeilen ...

Ich muss mich ein wenig beeilen,
darf nicht so lange bei dir verweilen,
kalt und hart wird es in dieser Nacht,
ich hab noch nicht meine Tagesleistung vollbracht ...
Gestern mit allem zu sehr getrödelt,
mit den Kollegen ein wenig zu viel herumgeblödelt,
jetzt heißt es aufholen, das, was ich gestern hab versäumt,
zu viel Spaß gemacht, zu viel vor mich hingeträumt ...
Aber alles kein Problem, jetzt wird aufgeholt,
bevor mir mein Chef noch den A... versohlt,
ein wenig Tempo an diesem Abend ist noch angesagt,
noch dies und das fertig gemacht, später noch ein wenig getagt,
diese Angelegenheit, kann man jetzt als erledigt betrachten,
von Angesicht zu Angesicht nicht mehr schmachten ...
Jetzt wieder vor Kraft und Lebensmut ich sprühe,
fang damit aber besser schon an, in aller Herrgottsfrühe,
das ist besser als am Abend oder in der Nacht,
das wirst du doch hoffentlich noch schaffen? - das wäre doch gelacht....

Ein Arbeitstag voller Wehmut ...

Ein Arbeitstag voller Wehmut
war nicht erfüllt, es fehlte an der inneren Glut,
trotzdem war dieser Tag nicht schlecht, auch nicht ungerecht,
doch für morgen, wünsche ich mir -wieder-
für meine müden -Glieder-
etwas mehr Zeit
und dazu viel Heiterkeit ...

Wir glauben, sagen und meinen was völlig anderes ...

Wir glauben immer, andere seien für uns verantwortlich und derer Meinung zählt.
Dem ist aber nicht so, wenn wir sagen; andere Menschen behandeln uns immer schlecht, sind es in Wirklichkeit wir selbst, die uns schlecht behandeln und das Schlimme daran ist, dass wir es gar nicht einmal merken, wenn wir uns ständig selbst missbilligen, verachten und uns nichts zutrauen ... – Ein anderer kann uns nicht beleidigen oder gar herabsetzen, wenn du es nicht zulässt.
Ein gut gemeinter Ratschlag von mir ist, wenn du was erreichen willst, sei gut zu dir selbst, beschimpfe dich und deinen Nächsten nicht; behandle dich und andere gut ...
So wirst du zum Segen für dich selbst und für andere Menschen um dich herum werden ...
Wenn du was Neues beginnst, sag niemals: Ich kann das nicht, sondern ich kann das, es ist kein Problem für mich, das werde ich schaffen, oder ich kann mir das nicht leisten, es muss in jedem Fall anders lauten; nämlich so: Ich kann mir das locker leisten, demnächst wird es in meinem Besitz sein usw. auf das << ICH >> in deiner Formulierung kommt es an, denn damit bestellst du dir vom Universum, was du letztendlich haben willst oder auch nicht.
Du weißt es bereits, das Unterbewusstsein kann nicht unterscheiden, es ist lediglich ein Befehl, das es für dich ausführt – dein Wunsch ist mir Befehl, > so hört dich dein Unterbewusstsein. << Also denke immer daran, deine Formulierung ist wichtig und notwendig, für das, was du in dein Leben holen willst <<.

Ein Arbeitstag ...

Ein Arbeitstag wie so viele andere,
von einem Arbeitsplatz zum anderen ich wandere,
vieles muss ich im Moment noch fertig machen,
liegen Gebliebenes aufarbeiten und noch andere Sachen ...
Auf, Kollege, ich treib dich voran,
aber ein bisschen plötzlich, wenn es geht
mit mehr positivem Elan,
ungerechte Dinge gedacht, gesagt, gemacht,
selbst Wut ist in mir entfacht,
hab mich darüber auch noch selbst empört,
von anderen auch noch Verleumdungen gehört,
das alles hat mich an diesem Tag doch sehr gestört ...
Der Chef kommt jetzt auch noch mit dazu,
fügt seinen Senf noch ausführlich mit hinzu,
gewisse Ungereimtheiten auch noch nicht aus dem Weg geräumt,
in gewissen Angelegenheiten viel zu viel versäumt,
von nun an muss es besser, einfacher und unkomplizierter werden,
nicht immer alles und jeden überbewerten ...
Meine Gedanken und ich sind jetzt völlig leer,
ich frage mich selbst, warum machst du dir es in vielem denn so schwer?

Spruch ...

Empöre dich nicht über Taten und Aussagen von anderen, schaue nach vorne und konzentriere dich auf Dinge, die wirklich wichtig sind, nicht, was andere über dich denken und sagen – es hat keine Bedeutung für dich ... Es ist nicht dein Denken, sondern von anderen und die haben keine Macht über deine Persönlichkeit, das hast nur du selbst ...
... So einfach ist das! ....

Treffen, Denken, Umsetzen...

Menschen treffen sich, sie denken miteinander, aber sie handeln nicht und setzen ihren Plan nicht in die Tat um, das sollen die anderen machen, die können es besser als wir ... So denken leider 95 % unserer Bevölkerung; ich mach lieber das, was ich bisher schon immer getan habe, da mache ich wenigstens keine Fehler – und genau das ist der schlimmste Fehler, den wir uns einreden und machen können ...
Jeder Mensch << Selbstverständlich auch du, - ja- genau dich meine ich<< ist in der Lage dazu, Unglaubliches zu bewegen und Sensationelles zu erreichen ...
Der einfachste Weg, um damit noch heute zu beginnen, ist: < du musst es dir zutrauen<
>> Planen -- -- Denken -- -- Umsetzen << - und dein Ziel nie mehr aus den Augen verlieren – das ist das Erfolgsgeheimnis – beginnen und ausführen musst du es selbst ...

Bestimmt hast du schon mal was machen wollen, was außer dir niemand so gut kann, vielleicht steckt in dir ein Buchautor, ein Pilot, ein Dreisterne-Koch, ein Erfinder, ein Leistungssportler usw., wenn du es nicht ausprobierst, wirst du es nie erfahren.

Vielleicht willst du mit dem Rauchen aufhören, abnehmen oder eine neue Liebe in dein Leben rufen, egal, was es auch ist, du musst mit der Umsetzung immer sofort beginnen und keine Zeit mehr dafür investieren, ob es klappt oder nicht ...
Alles beginnt erst mit dem Anfang, so ist es auch mit deinen Plänen, Träumen und Zielen.
Fang an, es in die Tat umzusetzen, beginne jetzt damit und lass nicht mehr locker, bis du es auch tatsächlich erreicht hast, - gib alles - der Rest kommt dann ganz von allein, so unglaublich sich das vielleicht auch für dich anhört, so unglaublich sind aber auch die genialen Resultate, die du damit erzielen wirst.-- Hast du erst einmal damit begonnen, deine Bedürfnisse in die reale Welt umzusetzen, wird vieles wie von Geisterhand geführt und geschehen. - Deine Ergebnisse werden nicht mehr lange auf sich warten lassen, was du dann erleben wirst, werden deine Träume und Wünsche mit Sicherheit, bei weitem übersteigen, - denn dir geschieht nach deinem Glauben- < Wenn du also einen Wunsch, einen Traum, oder eine Vision hast, fang unverzüglich damit an, es in die Tat umzusetzen <.
Lebe bewusst und empfange begeistert!

Heute geht es erst richtig los ...

Heute geht es erst richtig los,
leg bloß deine Hände nicht in den Schoß,
versuch es immer wieder, nicht nur ab und zu,
gib nicht auf, gib einfach keine Ruh,
nimm es dann so, wie es dann kommt,
ich garantiere dir, dann gewinnst du prompt ...
Lass es zu und gewähre es mit viel Mut,
dann zieht noch so mancher vor dir den Hut ...

Spruch ...

Das Leben ist prall gefüllt mit guten Dingen und tollen Gaben für dich, nimm es einfach dankbar an, wenn es zu dir kommt!

>>Das Leben ist wie ein Zehngangfahrrad. Die meisten Gänge benutzen wir nie.<<
Charles Schultz,Peanuts – Schöpfer.

Nichts ahnend kam er in diesen Betrieb ...

Dieses Gedicht habe ich aus einer Intuition heraus und ganz spontan 1985 bei einer Weiterbildungsmaßnahme in Regenstauf geschrieben, ich habe es Wort für Wort belassen, so wie ich es damals getextet habe!

Nichts ahnend kam er in diesen Betrieb,
der Direktor von weitem sich schon die Hände rieb,
doch er kam für diese Stellung nicht in Frage,
es ist schon eine Plage ...

Zu Hause warten Frau und Kinder, vier an der Zahl,
was blieb ihm denn noch für eine Wahl,
Schulden auch noch auf dem Haus,
Essen und trinken wollen sie trotzdem jeden Tag,
das Geld geht langsam aus ...

Wieder eine Absage,
was ist das nur für eine
miese Wirtschaftslage.
In seinem Leben hat er schon viel gearbeitet,
Tag ein, Tag aus Schmerzen an Hals,
Rücken und Händen verspürt,
trotz alledem hat sich in all den Jahren
außer Sorgen nichts gerührt ...

Vor vielen Jahren hat er ein anständiges Handwerk erlernt,
und heute soll es keine Anstellung für fleißige Arbeiter mehr geben,
er schreit aus Verzweiflung: »Arbeit, wo bist du, bist du wirklich sooo weit entfernt?«

Ununterbrochen überlegt er nun, was könnte ich nur noch machen,
die Angst und die Schamgefühle überfallen ihn, es könnte jemand über ihn lachen ...

Gehöre er etwa schon zum alten Eisen,
am liebsten würde er der Regierung was scheißen,
wo gibt es denn überhaupt noch was zu tun,
er mag nicht mehr ausruh'n,
hört denn niemand seinen Hilfeschrei,
ist es denen dort oben wirklich alles einerlei?

Langsam, aber sicher rennt die Familie ins Verderben,
er denkt nicht mehr normal, er denkt aus Verzweiflung,
wenn nur die Frau und die Kinder nicht wären,
wolle er am liebsten auf der Stelle sterben,
plötzlich hasst er Staat, Regierung, Politik
und die ganze restliche Welt,
was macht das Leben noch für einen Sinn,
was hat es noch zu bieten ohne Arbeit, ohne Geld ...

Dennoch hofft er auf Gott und glaubt,
wie alle anderen an bessere Zeiten,
und sagt verbissen,
lassen wir die Politiker
noch ein wenig weiter streiten ...

Ich habe dieses Gedicht ausgewählt und kurz vor den Schluss meines Buches gesetzt, um dir zu zeigen, wie ein Mensch nie denken und handeln sollte, wenn er verzweifelt ist.
Aber Möglichkeiten und Weisheiten hast du jetzt genug in diesem Buch gelesen ... << Hoffentlich haben die positiven Zeilen die negativen in deinem Innersten übertroffen, denn du weißt es bereits nur zu gut, << das, was du denkst, das bist du auch! >>
Mit dem Glauben und der Hoffnung kommt alles Gute in dein Leben ...

Die ordentliche, aber zu etwas hektische Hausfrau ...

Auch dieses Gedicht habe ich schon 1985 geschrieben
Und es hat auch, so wie das vorherige Gedicht, nichts mit
positivem Denken oder derer Einstellung zu tun ....

Hoffentlich ist alles geputzt und gestriegelt,
sind die Hemden ordentlich gebügelt,
ist der Keller aufgeräumt,
ich glaube, ich habe nichts versäumt ...

O je, die Kerze im Wohnzimmer, abgebrannt ist der Docht,
das Herz vor lauter Aufregung im Leibe ihr pocht,
was mach ich jetzt, was tue ich nur,
schnell, eine andere Kerze muss her,
man hat ja Gott sei Dank die eiserne Reserve im Schrank,
Schranktüre auf, < huch > der Schrank ist leer!

Verdammt, was ist das nun wieder,
ein Staubkorn mitten auf dem Außenfurnier,
wenn das Frau Maier sieht,
betritt sie niemals mehr unsere Tür ...
Schnell, schnell weg mit dem Korn,
wo liegt denn nun schon wieder der Putzlappen,
normalerweise an seinem Platz,
ach ja, da liegt er, da vorn ...

So, ich glaube, jetzt ist langsam alles wieder im Lack,
bei diesem Satz, sie gilft und schreit,
das Gartentor ist auch noch nicht gestrichen,
die Prinzipien sind doch tatsächlich von mir gewichen,
da bekomme ich von Heinrich, meinem Mann,
gleich wieder eine auf den Sack,
schnell, die Farbe raus,
vorbildlich, an das Gartentor heran,
die Arbeitswut treibt mich schon voran ...

Himmel, in einer Stunde kommt Heinrich
schon nach Hause und will was zu essen,
die Zeit ist jetzt schon knapp bemessen,
auch der Einkauf will auch noch getätigt sein,
wie Heinrich doch immer so schön,
zu sagen pflegt und auch so meint,
die Hausarbeit und das drum herum,
ist ganz allein nur dein ...

Also, nochmals auf in den Kampf,
hier noch ein Wisch, da noch ein Hauch,
den Garten auch noch schnell gespritzt,
mit dem Gartenschlauch ...

Endlich bin ich mit allem fertig,
Nanu, was ist das,
sie bricht erschöpft zusammen,
auch das Haus steht unerklärlich,
doch plötzlich in Flammen,
vor lauter Hektik und Geputze,
liegt sie nun im Schmutze ...

Hier liegt sie nun, mit ihrem
übertriebenen Ordnungssinn, in großer Not,
auch Heinrich ist nicht da, um zu helfen,
hier kannst du klar und deutlich erkennen,
Hektik und alles, was damit verbunden ist
bringt dir nichts anderes ein als den frühen Tod,
von nun an herrscht für diese Frau,
endgültig und absolutes Arbeitsverbot ...

Lass dir Zeit, das Leben nimmt dir viel Mühe und Plagen ab!

Schlusswort ...

Dieses Buch wurde für dich geschrieben, dass es dir Freude, Liebe Glaube, Harmonie, Geduld, Reichtum und Hoffnung in dein Leben bringt. Meine Gedichte, Sprüche, Zusatztexte, Bibelsprüche und Weisheiten sollen dir Kraft, Zuversicht, Muse, Halt und Spaß geben, dich aber auch zum Nachdenken bewegen und zum Handeln motivieren.> Solltest du über einen Satz oder einen Text stolpern, in dem du dich wiedererkennst und dabei noch schmunzelnd denkst, ach ja, das kommt mir irgendwie bekannt vor, so ist es mir auch schon mal ergangen, dann habe ich mit meinem Schreiben in diesem Buch mein Ziel erreicht! >. Als mir geliebte Menschen ans Herz gelegt haben, dieses Buch nicht für einen einzigen Menschen nur allein zu schreiben, sondern das, was du zu sagen hast, Horst, sollten möglichst viele auf dieser Welt wissen und erfahren ... Damals habe ich, wenn ich ganz ehrlich bin, noch nicht so richtig daran geglaubt, heute weiß ich, dass sie Recht behalten sollten, und freue mich von ganzem Herzen darüber, was mit guten Freunden, Gottes Hilfe, Zuversicht, Glauben und einer sicheren Führung alles möglich ist <<.

Es ist in vielerlei Hinsicht ein versteckter Wegweiser und Begleiter geworden, der wieder Mut machen soll, wenn du deine Hoffnung in dich aufgegeben und deine Richtung verloren hast, in die du gehen wolltest. >> Ich will damit auch zum Ausdruck bringen, dass es immer einen Weg zur Rückkehr gibt, du musst ihn nur für deine Bedürfnisse suchen, dich entscheiden und ihn dann auch unverzüglich gehen. Er führt dich, egal, welchen du auch wählst oder für dich in Anspruch nimmst, er bringt dich immer in dein von dir ausgedachtes Ziel <<. Das richtige Denken brauchst du natürlich auch noch dazu, denn das, was du denkst, das bist du auch, genau; - gut gelernt und aufgepasst ...

Lies dieses Buch immer und immer wieder aufmerksam durch, erstens hast du es bezahlt und zweitens: Es wird viel Nützliches darunter sein, das vielleicht dein Denken bei der einen oder anderen Situation in deinem Leben verändern kann oder verändern wird ...

Mein Wunsch ist, viele Menschen auf der ganzen Welt mit meinen Worten zu erreichen, um sie damit glücklicher, erfüllter und ein Stück weit zufriedener zu machen. Damit hätte sich meine Vorstellung von dem Buch und dessen Sinn darin voll und ganz erfüllt ... Danke ...
Horst Volz

Wenn du dieses Buch gut findest, dann empfiehl es doch bitte weiter, wenn nicht, dann gib wenigstens einem anderen die Chance, darin zu blättern, um das zu finden, wonach er vielleicht schon lange gesucht hat ...

Horst Volz

Kontakt:
mailto:horst.volz@gmail.com
www.TDU-Volz.de

Dankesliste

Ich möchte mich bei Markus Morf bedanken, der viele Stunden für dieses Buch am Computer verbracht hat.

Ein herzliches Dankeschön auch an Jürgen Kuder, der mir bei meiner Selbstständigkeit und Persönlichkeitsentwicklung immer wieder gute Ratschläge und wertvolle Tipps gab ... Danke Hombre!

Den größten Dank möchte ich meinem Sohn Kai aussprechen, der von Anfang an davon überzeugt war, dass sein Vater mit diesem Buch einen zielorientierten und einzigartigen Wegweiser für die Menschheit geschrieben hat. Danke auch natürlich meiner lieben Frau Christel, die viele entbehrungsreiche Stunden der Einsamkeit, während ich dieses Buch geschrieben habe, verbracht hat.
Herzlichen Dank auch an meine beiden geliebten Töchter Monja und Annika, die mir immer wieder in den schwersten Stunden des Schreibens Mut zugesprochen haben.
Danke an meinen zuverlässigen Schwiegersohn Tommy, der mir überall und bei jeder noch so schweren Arbeit mit Rat und Tat zur Seite steht!
Herzlichen Dank an meine drei Enkelkinder Leonie, Justin, und Emily, die mich jeden Tag meines Lebens erfreuen.

Danke an alle Menschen, die zur Entwicklung und Verwirklichung dieses Buches beigetragen haben.

Danke und Gottes Segen an alle Menschen, die dieses Buch kaufen und weiterempfehlen.

Danke auch an alle Menschen dieser Welt, wir sind alle miteinander verbunden!

Horst Volz